T0128314

Printed in the United States
By Bookmasters

Printed in the United States
by Bookmasters.

المنهج الدراسي:
الأسس والتصميم
والتطوير والتقييم

الأستاذ الدكتور محمد علي الخولي

طبعة ٢٠١١م

الناشر: دار الفلاح للنشر والتوزيع ص. ب ٨١٨ صويلح ١١٩١٠ الأردن هاتف وفاكس ٥٤١١٥٤٧ ـ ٠٠٩٦٢٦	Publisher:DAR ALFALAH P. O. Box ٨١٨ Swaileh ١١٩١٠ Jordan Tel & Fax ٠٠٩٦٢٦-٥٤١١٥٤٧

E-mail: books@daralfalah.com

Website: www.daralfalah.com

الناشر: دار الفلاح للنشر والتوزيع	Publisher:DAR ALFALAH
ص. ب ٨١٨	P. O. Box ٨١٨
صويلح ١١٩١٠	Swaileh ١١٩١٠
الأردن	Jordan
هاتف وفاكس ٥٤١١٥٤٧ - ٠٠٩٦٢٦	Tel & Fax ٠٠٩٦٢٦-٥٤١١٥٤٧
موبايل: ٠٠٩٦٢-٧٩٥٧٧٩٣٣٩	

E-mail: books@daralfalah.com
Website: www.daralfalah.com

المملكة الأردنية الهاشمية
رقم الإيداع لدى دائرة المكتبة الوطنية
(٢٠١٠/٩/٣٥٦٥)

٣٧٥.٠٠١

الخولي، محمد علي

المنهج الدراسي الأسس والتصميم والتطوير والتقييم/محمد علي الخولي.-

عمان: دار الفلاح للنشر والتوزيع، ٢٠١٠

(١٦٠) ص.

ر.إ.: ٢٠١٠/٩/٣٥٦٥

الواصفات: المقررات الدراسية//التربية//التعلم

■ يتحمل المؤلف كامل المسؤولية القانونية عن محتوى مصنفه ولا يعبّر هذا المصنف عن رأي دائرة المكتبة الوطنية أو أي جهة حكومية أخرى.

ISBN	٩٧٨-٩٩٥٧-٤٠١-٨٤-٩	(ردمك)

مقدمة

يتناول هذا الكتاب المنهج الدراسي، وهو مصطلح تربوي يعني جميع ما تقدمه المؤسسة التربوية (من مدرسة أو كلية أو جامعة) ضمن خطة مدروسة. وبذلك، فإن المنهج الدراسي يشمل الأهداف والمحتوى وأساليب التدريس وأساليب التقييم والوسائل المعينة (البصرية والسمعية) والمباني والمختبرات وجميع الأنشطة الصفية واللاصفية.

ويستعرض هذا الكتاب أسس المنهج (الفلسفية والتاريخية والاجتماعية). كما يجيب هذا الكتاب عن أسئلة من مثل: كيف يتم تصميم المنهج؟ كيف يتم تطويره؟ كيف يتم تنفيذ المنهج المطوَّر؟ ما هي الاتجاهات الحديثة في المناهج المعاصرة؟

وفي الحقيقة، إن المنهج هو جوهر عملية التعليم وعملية التعلم لأنه يمثل خطة محكمة لما سيجري داخل أسوار المدرسة، كما أنه يمثل خلاصة خبرة ومعرفة ومهارات فريق متكامل من الخبراء التربويين. ودون منهج مخطط، لا يمكن أن تتحقق الأهداف التربوية. بل دون منهج تعم الفوضى في عملية التعليم. المنهج يبلور الأهداف والمحتوى والأساليب ويجعل جميع عناصر العملية التعليمية تحت السيطرة، قابلة للتحقيق وقابلة للتنفيذ والتقييم.

أ. د. محمد علي عبد الكريم الخولي

عمَّان – الأردن

المحتويات

الفصل الأول

مجال المنهج

أسئلة هامة

- أي طرق المنهج يتبع أغلب المربين؟ ولماذا؟
- كيف يُعرّف المنهج؟
- كيف تؤثر مؤسسات التعليم على المنهج؟ وأي المؤسسات أهمها؟ ولماذا؟
- ما الفرق بين تطوير المنهج وتصميم المنهج؟
- كيف يمكن للنظرية والتطبيق أن تندمجا معاً في تخطيط المنهج؟
- ما الدور الذي يقوم به معلمو المدارس ومدراؤها في تخطيط المنهج؟

يعتبر المنهج كحقل للدراسة هاماً جداً لدى المدارس والمجتمع. وسواء اعتبرنا المنهج مواضيع تدرس في المدارس أم خبرات يكتسبها المتعلمون من خلال المشاركة في المجتمع، فلن يستطيع أحد أن ينكر مدى تأثير المنهج على المربين والطلاب وغيرهم من أفراد المجتمع.

طرق المنهج

هناك خمس طرق أو نظريات خاصة بالمنهج الدراسي هي: الطريقة السلوكية والطريقة الإدارية والطريقة النُّظُمية والطريقة الأكاديمية والطريقة الإنسانية. وسيأتي شرح موجز لكل طريقة.

الطريقة السلوكية

تعتبر الطريقة السلوكية أقدم طريقة للمنهج ولا تزال تحتل المرتبة الأولى شيوعاً من بين الطرق. وتعتمد على مبادىء علمية وتقنية، وتشمل نماذج وأمثلة وإستراتيجيات متسلسلة لصياغة المنهج. أما أهداف هذه الطريقة وغاياتها فتكون محددة والمحتوى والأنشطة متسلسلة لتتفق مع الأهداف، ويتم تقييم مخرجات التعليم بأخذ الأهداف بعين الاعتبار.

تعتمد هذه الطريقة على نظرية الترابط بين المثير والاستجابة وعلى أن التعلم يتم بتكوين هذا الترابط. وحسب هذه الطريقة، فإن التعلم يتم بتكرار الترابط بين المثير والاستجابة، وبين السؤال والجواب. وهذا يعني أن المران يصبح أساس التعلم.

يستمر في الوقت الحاضر عدد من السلوكيين التربويين باتباع مذهب إيفان بافلوف ونظريات المثير والاستجابة (response) لجون واتسون. هذا

ولا يزال البعض يعتمد على التدريس المباشر والتمارين وتوجيه الطلاب والتغذية الراجعة الفورية. وقد نشأت السلوكية على مدى السنوات لمعالجة صعوبات التعلم، وهي تتيح الفرصة الآن للبحث الذي يستكشف أعماق الدماغ من أجل معرفة ماهية التعلم وماذا يحدث في الدماغ البشري لإنجاز التعلم. إن أغلب السلوكيين المربين يرون المتعلمين أفراداً يعملون ضمن سياق اجتماعي. ومن الجدير بالذكر أن الطلاب الأفراد يستجيبون للمنهج نفسه بطرق مختلفة معتمدين على تفسيراتهم الثقافية ونشاطات الحياة المسبقة.

الطريقة الإدارية

تَعتبر الطريقةُ الإدارية المدرسةَ نظاماً اجتماعياً يتفاعل فيه الطلاب والمعلمون وأخصائيو المنهج والإداريون. وينظم المربون الذين يتبنَّوْن هذه الطريقة المنهج وفقاً للبرامج والجداول والموارد والأدوات وهيئة التدريس. وفيها يُعْطى العمل الجماعي والعلاقات الإنسانية وأنماط القيادة وصناعة القرار قدراً كبيراً من الاهتمام. ويهتم مؤيدو هذه الطريقة بكيفية تسهيل أخصائيي المنهج (curriculum specialist)والمشرفين والإداريين للتغيير. فمختص المنهج أو المشرف يُعْتبر شخصاً عملياً لا شخصاً منظراً، كما ويعد مُسَهِّلاً للتغيير. ويقوم هذا الشخص بكتابة تقارير للمدير ويتمسك برسالة المدرسة وأهدافها. ويكون من حق المدرسة أن تؤيد التغيير أو ترفضه. فإن كانت المدرسة إبداعية وتحب الإصلاح فستحتضن التغيير بصدر رحب. أما

إن كانت تشدد على القراءة والكتابة والحساب فسيقدم أخصائيُّ المنهجِ الخطط تباعاً دون جدوى.

دور مشرف المنهج

يتوجب على مشرف المنهج أو أخصائي المنهج القيام بالعديد من المهام في المدرسة والمنطقة التعليمية منها:

- المساعدة على تحقيق الأهداف التعليمية في المدرسة أو المجتمع
- تخطيط المنهج مع الطلاب وأولياء الأمور والمعلمين
- تخطيط برامج دراسية على أساس المواد أو المستويات وإعداد البرنامج الدراسي والتقويم المدرسي
- تطوير هيئة التدريس ومساعدتهم في وضع أهداف سلوكية للموضوعات
- إعداد دليل للمنهج أو دليل للمعلم
- المساعدة في اختيار وتقييم الكتب المدرسية
- تنظيم واختيار أو ترتيب المواد الدراسية والوسائل التعليمية
- الإشراف على المعلمين وعقد الاجتماعات السابقة واللاحقة للملاحظات
- مساعدة المعلمين على تطبيق المنهج داخل الغرف الصفية
- المساعدة في إعادة تعريف أو تحسين محتوى المنهج
- التشجيع على إبداع المنهج وأن يكون عاملاً في التغيير
- إجراء بحوث حول المنهج و/أو العمل مع مستشاري المنهج داخل المدرسة

- تطوير معايير للمنهج وتقييم التعليم
- التعاون في التخطيط لبرامج تطوير الهيئة التدريسية

العمل مع المشرفين ومختصي التكنولوجيا والاختبارات وغيرهم داخل المدرسة وفي المنطقة التعليمية.

الطريقة النُّظُمِيّة

أدت النظرة الإدارية التي تؤكد على تنظيم الأشخاص والسياسات إلى التأكيد على تنظيم المنهج وفق نظام. وتستلزم خطة المنهج نماذج تنظيمية ولوحات انسيابية وهياكل من اللجان. ويُطْلَق على هذه الطريقة في بعض الأحيان هندسة المنهج حيث يقوم المختصون بتخطيط المنهج وكل ما يتعلق به. وقد أثرت النظرية النُّظُمِيّة والتحليل النُّظُمِي والهندسة النُّظُمِيّة على الطريقة النُّظُمِيّة للمنهج. ونجد العديد من مدراء المدارس يوظفون توظيفاً واسعاً المفاهيم التي طورها علماء الاجتماع عندما ناقشوا النظرية التنظيمية الإدارية.

وفي هذه الطريقة للمنهج تُقَيَّمُ أجزاء المدرسة والمنطقة التعليمية بالنظر إلى ترابطهما مع بعضهما البعض. فالأقسام والملاك والمعدات والبرامج كلها تساهم في تغيير سلوك البشر. والمعلومات في العادة تُرْسَل إلى المدراء الذين يتخذون القرار. وتستخدم العديد من المدارس في الوقت

الحاضر طريقة نُظُمِيّة يطلق عليها "إدارة النوعية الكلية" تقوم على إعطاء الطالب الأولوية وجمع المعلومات بكثافة وتحليلها، وتدعو كذلك إلى الرقابة الذاتية والتفتيش والتعاون والمسؤولية الجماعية وغيرها.

وعند تطبيق نظرية "إدارة النوعية الكلية" على تطوير المنهج (curricular development) وتطبيقه، يدرك المشاركون أن وظيفتهم تعتمد على اكتساب وتطبيق ما يسمى "المعرفة العميقة". وتتكون هذه المعرفة من أجزاء أربعة: التفكير المنظم، ونظرية التنويع، ونظرية المعرفة، ونظرية علم الفلسفة. يساعد التفكير المنظم الأشخاص على إدراك أن أفعالهم تتفاعل مع أفعال غيرهم وأن التنظيم الكلي يستلزم تفاعلاً ديناميكياً في العديد من العمليات الفرعية. أما نظرية التنويع فتؤكد على أن نشاط المنهج يستلزم أسباباً ومؤثرات خاصة وعامة. وتعتبر المدرسة مجتمعاً يظهر فيه الأشخاص اختلافات فردية، ويتوجب عليهم تعلم الاندماج والتعاون واحترام الغير. وبالنسبة لنظرية المعرفة (cognition theory)، فالمعرفة المكتسبة لدى الأشخاص في النظام ضرورية جداً للنجاح المنهجي. وتدعم نظرية علم النفس طريقة إدارة النوعية الكلية بتحسين تعليم الطلاب ومشاركتهم. وحتى تطبق هذه الطريقة بنجاح، يجب على الأفراد فهم واحترام وتقدير بعضهم البعض. إن مختصي المناهج الذين يقدرون الطريقة النُّظُمِيّة يعرفون المنهج تعريفاً شاملاً ويهتمون بمشكلات المنهج المتعلقة بالمدرسة جميعها أو نظام المدرسة بشكل متكامل وليس بمواد أو صفوف معينة.

الطريقة الأكاديمية

يطلق على هذه الطريقة مسميات عديدة منها الطريقة التقليدية أو الموسوعية أو الفكرية وغيرها. وتحاول هذه الطريقة تحليل قضايا رئيسية ومفاهيم هامة في المنهج وتركيبها. وتعتبر هذه الطريقة تاريخية وفلسفية، وإلى حد ما عملية واجتماعية. تترسخ هذه الطريقة في أعمال جون ديوي وآخرين. وشاعت في ثلاثينيات القرن التاسع عشر إلى خمسينياته. وقد وسعت الموضوعات الجديدة المتعلقة بالمنهج في هذه الفترة حقل المنهج ليضم مسائل ونزعات عديدة، كما وأدت إلى تكامل التعليم والتعلم والتوجيه والتقييم (evaluation) والمراقبة وغيرها.

وبعد ذلك، بدأ الاهتمام في المنهج يتمركز على هيكلة فروع المعرفة والأساليب النوعية. وقد صارت النصوص التي استمرت باستخدام هذه الطريقة في النصف الثاني من القرن العشرين تسبب الإرباك لطالب المنهج المبتدىء الذي تنقصه في العادة الخلفية المعرفية الكافية. وقد ظلت هذه الطريقة شائعة بين باحثي المنهج الذين بيّن بعضهم كيف أثروا على الفكر المتعلق بالمنهج وكيف شكلوا الحقل. ولا تهتم هذه الطريقة بالموضوع وعلم أصول التدريس فقط، بل أكثر من ذلك. فقد شمل الأكاديميون موضوعات أساسية عديدة تاريخية وفلسفية وغيرها.

الطريقة الإنسانية

تركز هذه الطريقة على العامل الإنساني في المنهج وفي حياة الطلاب. ولذلك، فهي تهتم بالألعاب الجماعية والمشاريع الجماعية والعلاقات الاجتماعية بين الطلاب وربط المدرسة بالمجتمع. وحسب هذه الطريقة، فإن التعليم يجب ألا يقتصر على الجانب المعرفي وحده، بل على الجانب الإنساني والاجتماعي في حياة الطلاب أيضاً.

ما هو المنهج؟

رغم وجود تعريفات عديدة للمنهج، إلاّ أن واحداً من هذه التعريفات هو الأكثر قبولاً وشمولاً. يُعَرَّفُ المنهج أنه كل ما يتم التخطيط له لتحقيق أهداف التعليم. وبذلك، فإن المنهج يشمل الأهداف والموضوعات الدراسية والكتب المقررة (textbooks) وأساليب التدريس والوسائل المعينة وتكنولوجيا التعليم والمباني المدرسية والمختبرات والملاعب وجميع الأنشطة داخل المدرسة وخارجها، كما يشمل المنهج وسائل تقييم الطلاب. وهذا هو التعريف المعتمد حالياً لدى معظم الجهات التعليمية.

أسس المنهج

يعتمد المنهج على أسس عديدة أهمها: أسس فلسفية، أسس تاريخية، أسس نفسية، وأسس اجتماعية. إن المنهج يستمد توجهاته الرئيسة من الأسس

سابقة الذكر. ولذلك، تختلف المناهج من بلدٍ إلى آخر بسبب اختلاف الأسس التي يُستمد منها المنهج.

مجالات المنهج

بينما تمثل أسس المنهج حدوده الخارجية، تعرّف مجالات المنهج على أنها حدوده الداخلية. وقد اتفق خبراء المنهج على أسسه، بينما اختلفوا على مجالات المعرفة فيه. وصرفت الكثير من الجهود لمعرفة هذه المجالات. كثير من التربويين يرون أن للمنهج مجالات عديدة هي:

(١) فلسفة المنهج، (٢) نظرية المنهج، (٣) بحث المنهج، (٤) تاريخ المنهج، (٥) تطوير المنهج، (٦) تصميم المنهج، (٧) تقييم المنهج، (٨) سياسة المنهج، (٩) المنهج كحقل دراسي.

تطوير المنهج

إن المنهج الدراسي يتكون من عناصر كثيرة: خطط ومعدات وكتب ومبان وتسهيلات (facilities) وأساليب في غاية التنوع. ولا يمكن أن تمر السنوات دون تطوير هذه العناصر. لا بد من التقييم المستمر لهذه العناصر، ومن ثَمَّ يأتي التطوير. لا يمكن أن تسير عملية التعليم دون تقييم لكل عناصرها. لا بد من تقييم كل من الخطط والكتب المدرسية وأساليب التدريس

والوسائل التعليمية والاختبارات وتدريب المعلمين. كل هذه العناصر بحاجة إلى تقييم مستمر وتطوير مستمر من أجل إنجاح العملية التعليمية.

تصميم المنهج

يعود تصميم المنهج إلى الطريقة التي نفهم فيها المنهج ونرتب فيها أجزاءه الرئيسية مثل الموضوع والمحتوى وأساليب التدريس والمواد وخبرات المتعلم ونشاطاته لإيجاد دليل لنا في أثناء تطوير المنهج. ولا يوجد تصميم نقي أو مفرد للمنهج لدى من يكتبون فيه. فهم متأثرون بالعديد من التصاميم والطرق، ويأخذون أجزاء وأفكاراً من هنا وهناك. خبراء المنهج في القرن العشرين الذين بدأوا معلمين يميلون إلى المحتوى. فقد أكدوا على الفروع التعليمية الرئيسية. ورغم أن البعض يرى أن التصميم يجب أن يركز على الطالب نفسه، إلاّ أن النهج السائد الآن هو التركيز على المحتوى.

المنهج المخطط والمنهج غير المخطط

المنهج المخطط هو المنهج الذي ُصمم خصيصاً لتحقيق أهداف محددة، أما المنهج غير المخطط فهو الذي يتحقق دون قصد أو حتى معارضاً للقصد. إن ما يتعلمه الطلاب في المدرسة يتخطى حواجز المنهج المخطط. فالمنهج المخطط يترجم أهداف المدرسة إلى الموضوعات التي من المتوقع

أن يتعلمها الطلاب، ويترجم كذلك الأهداف المنشودة من الدروس والمساقات وغيرها.

وهناك أيضا المنهج غير المخطط (hidden curriculum)، أي المنهج الخفي، الذي يظهر من التكامل بين الطلاب وبين الطلاب والمعلمين. وفي الغالب تتجاهل نصوص المنهج التأثير الكبير للمنهج الخفي والذي ينبني على جماعة الرفاق ويتنافس عادة مع المنهج المخطط. وللمنهج الخفي تأثير على التفكير والسلوك في الغرف الصفية، ويتضارب أحياناً مع الأهداف الرئيسية للمدرسة وقيمها وبشكل كبير مع المجتمع. عندما تركز المدرسة والمعلمون كثيراً على الدرجات فإن المنهج الخفي يفضل الإجابات الصحيحة على الفهم، والحقائق على الأفكار. يقول النقاد إن هذا المنهج الخفي يعلم الطلاب أن التغلب أو الفوز هو أهم شيء على الإطلاق.

المنهج نظرياً له أهداف جذابة مرسومة ومعلن عنها بوضوح. ولكن واقع الحال قد يقود إلى أهداف أخرى بعضها مقبول وبعضها غير مقبول. وهذا هو الصراع بين الأقوال والأفعال في بعض الأحيان، والصراع بين المثاليات والواقع.

النظرية والتطبيق

يتكون كل حقل دراسي من جزء نظري وجزء تطبيقي. وعند وضع المنهج الدراسي لأي حقل دراس (academic field)، لا بد من تحديد

الجانب النظري وتحديد الجانب التطبيقي، أي المران والمهارات المناسبة. مثلاً، الرياضيات لها جانب نظري وهو المحتوى المعرفي. ولكن هذا الجانب وحده لا يكفي؛ لا بد أن تصاحبه تمارين تطبيقية. مثال آخر قواعد اللغة. لها جانب معرفي وهو قوانين الاستخدام اللغوي. أيضاً هذه القوانين وحدها لا تكفي: لا بد من تمارين لغوية لتطبيق هذه القواعد.

وباختصار، الجانب النظري وحده لا يكفي والجانب المراني وحده لا يكفي. لا بد من أن تدعم النظريةُ التطبيقَ وأن يدعم التطبيقُ النظريةَ.

دور العاملين في المناهج

تعتبر المسؤوليات المحددة ضمن هيكل المدرسة على قدر كبير من الأهمية إلا أنها غير واضحة نظراً لأنه في العادة يتوقع من أشخاص مختلفين (المعلمين والمشرفين والمدراء والكادر التعليمي في المنطقة وغيرهم) تقديم خدماتهم كعاملين في المناهج حيث لدى كل منهم مسؤوليات واحتياجات وتوقعات مهنية مختلفة. فعلى سبيل المثال، على المعلمين القيام بالتدريس وعلى مدراء المدارس القيام بإدارة مدارسهم ومساعدة المعلمين، فيعمل المعلم مع مشرفيه ومدرائه كجزء من فريق المناهج. ويعتبر تحديد المعلمين الذين بإمكانهم العمل في المناهج في وقت مبكر أمراً ضرورياً من أجل الارتقاء بالمعلم والمنهج معاً.

والنقاط التالية توضح مسؤوليات العاملين في المناهج:

١. تطوير الطرق الفنية والأدوات اللازمة لتخطيط المناهج في المدرسة (منطقة تعليمية أو مؤسسة حكومية).

٢. المزج بين بناء النظرية والتطبيق (application) واكتساب المعرفة المتعلقة بالمناهج وتطبيقها في الغرف الصفية والمدارس.

٣. الموافقة على ما يتضمنه تطوير وتصميم المناهج بما في ذلك العلاقات بين عناصر المناهج.

٤. الموافقة على العلاقات بين المنهج والتدريس والإشراف بما في ذلك الاعتماد المتبادل فيما بينها.

٥. أن يكون العامل في المناهج عنصر تغيير بحيث يقوم بدراسة المدرسة ضمن سياق المجتمع ويوازن بين احتياجات وآراء المجتمع المحلي وبين الأهداف والمصالح الوطنية.

٦. أن يضع بياناً يوضح الرسالة والأهداف.

٧. الانفتاح على اتجاهات وأفكار المناهج الجديدة ودراسة المقترحات المتعددة واقتراح التعديلات.

٨. التشاور والتباحث مع الآباء والمجتمع والجماعات المهنية وتطوير المهارات (skills) في العلاقات الإنسانية وفي العمل مع الأفراد والجماعات.

٩. تشجيع الزملاء والمهنيين الآخرين على حل المشكلات المهنية والابتكار والتعرف على أفكار وبرامج جديدة واستخدامها.

١٠. تطوير برنامج معين من أجل التحسين والتطبيق والتقييم المستمر للمناهج.

١١. الموازنة بين نواحي المواد الدراسية ومستويات الدرجات ودمجها معاً في المنهج الإجمالي والتركيز على المجال والتسلسل حسب المادة الدراسية ومستوى الصف.

١٢. فهم البحوث الحالية في التعليم والتعلم بالإضافة إلى البرامج الجديدة المتعلقة بالطلاب.

دور الطالب

يرى البعض أن من حق الطلاب أن يشاركوا في بناء المناهج، لأنهم هم الطرف الذي يتلقى هذه المناهج. ولكن السؤال هو ما هو المدى المقبول لمشاركتهم؟ وهل تسمح لهم خبرتهم المحدودة أن يكونوا طرفاً فاعلاً في بناء المنهج؟ البعض يعترض على هذه المشاركة بسبب محدودية خبرة الطلاب، ولكن البعض الآخر يرى أن بإمكان الطلاب المشاركة في بناء المنهج، على الأقل في مرحلة التقييم، وهي المرحلة التي تسبق تطوير المنهج وبناءَه من جديد، إذ من الممكن أن يساعد الطلاب في الإجابة عن أسئلة في استبيانات التقييم.

المعلم والمنهج

هناك آراء مختلفة بالنسبة لدور المعلم في بناء المنهج. الرأي الأول يقول إن بناء المنهج من وظيفة خبراء المناهج(curriculum specialists)

وليس من وظيفة المعلم. الخبراء يبنون المنهج والمعلمون ينفذونه. الرأي الثاني يناقض الرأي الأول: المعلمون هم أقدر من الخبراء في بناء المناهج لأن لديهم الخبرة المعرفية والخبرة العملية. دع المعلمين يعملون معاً في بناء المناهج على شكل لجان. كما أن بإمكانهم العمل معاً في تطوير المناهج وتقييمها، بالتعاون مع الطلاب والآباء.

وهناك رأي ثالث يرى أن الخبراء وحدهم قد لا يفلحون في بناء منهج متكامل، وأن المعلمين وحدهم قد لا يفلحون. الأفضل هو العمل التكاملي بين خبراء المنهج والمعلمين. كل فريق يثري عملية بناء المنهج: الخبراء بمعرفتهم النظرية والمعلمون بمعرفتهم العملية.

المدير والمنهج

هل يشترك مدراء المدارس في بناء المناهج؟ الرأي السائد هو أن ليس لديهم الوقت للقيام بهذا الدور، كما أن ليس لديهم الخبرة الكافية للقيام بذلك بسبب انهماكهم في العمل الإداري. ولذلك، فإن المعلمين لا يرحبون بدور الإداريين في بناء المنهج: دع الإدارة للإداريين ودع المناهج وبناءَها لخبراء المناهج والمعلمين.

الفصل الثاني

الأسس الفلسفية للمنهج

أسئلة هامة

١. كيف تؤثر الفلسفة على العاملين في المناهج؟

٢. كيف تكون الفلسفة المصدر الرئيسي للمناهج؟

٣. من حيث المعرفة والقيم، ما هي الاختلافات بين المثالية (idealism) والواقعية والذرائعية والتجديدية؟

٤. من حيث المحتوى والأساليب، ما هي الاختلافات بين الديمومية والجوهرية والتقدمية والتجديدية؟

٥. هل يمكن للمدارس الارتقاء بمفهومي المساواة والتميز في الوقت نفسه؟

٦. كيف تكون التجديدية واقعية ومثالية معاً؟

٧. أي الاتجاهات الفلسفية قد تؤثر على حقل المنهج في المستقبل؟

٨. أي الاتجاهات الفلسفية يتناقض تماماً مع الاتجاه السائد للتربية؟

تعتبر الفلسفة أمراً مركزياً بالنسبة للمنهج حيث تؤثر الفلسفة الخاصة بمدرسة ما ومسؤوليها على الأهداف والمحتويات وتنظيم منهجها. وعادة تعكس المدرسة عدة فلسفات، ومن شأن هذا التنوع أن يعزز القوى الديناميكية للمنهج. وتسمح لنا دراسة الفلسفة بفهم المدارس ومناهجها بصورة أفضل. ودائماً يكون للقضايا الفلسفية أثر على المدارس والمجتمع، فالمجتمع المعاصر ومدارسه تتغير بشكل سريع وتستدعي الحاجة لإعادة التقييم فلسفة خاصة بالتربية.

الفلسفة والمنهج

إن الفلسفة هي الأساس الكامن وراء معظم القرارات الهامة: تقدم الفلسفة للمربين، وخاصة العاملين في مجال المناهج، أُطُرَ عمل لتنظيم المدارس والصفوف. كما تساعدهم هذه الأطر على تحديد الغاية من هذه المدارس ومدى قيمة المواد الدراسية وكيفية تعلم الطلاب والأساليب والمواد الدراسية التي يجب استخدامها. كما توضح الفلسفةُ أهدافَ التربية والمحتويات المناسبة وعمليات التعليم والتربية والخبرات والأنشطة التي يجب على المدارس التركيز عليها. كما توفر الفلسفة أساساً لتحديد أي الكتب المدرسية يجب أن تستخدم وكيفية استخدامها وكمية الواجبات البيتية (homework) وكيفية اختبار الطلاب واستخدام نتائج الاختبار وما هي المساقات أو المواد الدراسية التي يجب التركيز عليها.

عندما تقوم وزارة التربية باقتراح جدول زمني للمعلم والطالب فإن ذلك يقوم على الفلسفة. وعندما يتم إعداد مساق للدراسة في نظام المدرسة من خلال مجموعة مختارة من المعلمين فهذا يمثل الفلسفة، لأنه تم اختيار مسار العمل من ضمن عدة اختيارات تتضمن قيماً مختلفة. عندما يعين معلمو مدرسة ثانوية للطلاب أكثر من واجب بيتي في اليوم بحيث لا يستطيع أي من الطلاب حله بشكل مقنع في ست ساعات، فإنهم يعملون وفق فلسفة ما على الرغم من أنهم غير مدركين حقاً لآثارها. وعندما تقوم معلمة ما في مدرسة ابتدائية معينة بإخبار طفل ما بتجاهل الجغرافيا ودراسة الجبر فهي تعمل وفقا لفلسفة معينة لأنها قامت باختيار قيمة. وعندما يقوم خبراء المناهج بإزاحة مادة دراسية ما من سنة دراسية إلى أخرى فإنهم يعملون وفقاً لفلسفة ما. وعندما يفسر خبراء القياس نتائج اختباراتهم لمجموعة من المعلمين فإنهم يعملون وفقاً لفلسفة ما لأن الحقائق تحمل معنى فقط ضمن بعض الافتراضات الأساسية. ونادراً ما نجد في اليوم المدرسي (school day) لحظة معينة لا يواجه فيها المعلم مناسبات تكون الفلسفة جزءاً حيوياً من الإجراء المتخذ. إن الفلسفة هي نقطة البداية في صنع القرار الخاص بالمنهج والأساس لكافة القرارات اللاحقة، كما أن الفلسفة معيار لتحديد أهداف ووسائل وغايات المنهج، وهي ضرورية لكافة القرارات الهامة المتعلقة بالتعليم والتعلم.

الفلسفة والعامل في المنهج

تعكس فلسفة المرء خلفيته وخبراته السابقة وتقوم قرارتنا على معتقداتنا ومواقفنا ورؤيتنا للعالم، فالفلسفة ترشدنا إلى اتخاذ الإجراء اللازم. ولا يمكن

لأي شخص أن يكون موضوعياً بصورة كاملة، لكن العاملين في المناهج يمكنهم توسيع معارفهم وفهمهم من خلال دراسة المشكلات من مناظير مختلفة. والشخص الذي يتمسك بفلسفة شخصية معينة بشكل صارم قد يصطدم مع الآخرين. لا بد من أن تؤثر فلسفة العامل في المنهج في توجهاته وميوله وقراراته بشأن صناعة المنهج.

الفلسفة كمصدر للمنهج

وتثير الفلسفة قضايا عديدة في بناء المنهج. هل نهتم بالفرد أم بالمجتمع أم كليهما؟ هل نبني الطالب للحاضر أم للمستقبل؟ هل نكون مثاليين أم واقعيين؟ هل نهتم بالآداب أم العلوم؟ بالنظرية أم التطبيق؟ وفي بلادنا الإسلامية، يحل الدين مكانة الفلسفة، وتتمركز المناهج حول القيم الإسلامية مباشرة أو لا تتعارض معها في أقل تقدير. إن الفلسفة هامة جداً في وضع الإطار العام للمناهج. إنها تحدد نقطة البداية في بناء المناهج وتحدد الاتجاه العام وتحدد نقطة النهاية أي الأهداف. الفلسفة (philosophy) تحدد المنظور العام لبناء المناهج.

فلسفات رئيسية

أثرت خمس فلسفات رئيسية على التعلم في كثير من الدول وهي: المثالية والواقعية والذرائعية والوجودية والإسلامية. وأول فلسفتين تعتبران تقليديتين وآخر ثلاثة تعتبر معاصرة.

الفلسفة المثالية

تركز الفلسفة المثالية على القيم والمُثُل العليا والأخلاق والثوابت والجانب الديني. وبالنسبة للمثاليين، يعتبر التعلم عملية فكرية بشكل أساسي تتضمن استرجاع الأفكار والعمل معها ويهتم التعليم بالمسائل الفكرية. ويعتبر المنهج (حسب المثالية) بناءً هرمي الشكل تأتي الفلسفة وعلم اللاهوت (theology) في أعلاه، ودونهما الفنون الحرة، دونها الرياضيات لأنها تنمي التفكير المجرد. ودونها التاريخ والأدب واللغة. في أسفل السُّلم تأتي العلوم التي تتعامل مع الأسباب والنتائج.

الفلسفة الواقعية

تعتمد الفلسفة الواقعية على المادة المحسوسة التي تُدْرَكُ بالحواس والعقل. هناك الطبيعة وكل شيء خاضع لقوانينها. والسلوك البشري يعتبر عقلانياً إذا واكب قوانين الطبيعة. والعالَم يسوده النظام، وواجب التعليم كشف هذا النظام. ولذلك، فإنه لا بد من الاهتمام بالعلوم والآداب معاً. ولا بد من الاهتمام بالمهارات الثلاث: القراءة والكتابة والحساب.

الفلسفة الذرائعية

على النقيض من الفلسفات التقليدية، فإن الفلسفة الذرائعية (ويشار إليها أيضا بالتجريبية) تقوم على التغيير والنسبية، بينما تشدد المثالية والواقعية

على المادة الدراسية. ويفسر المذهب الذرائعي المعرفة كعملية تتغير فيها الواقعية بشكل مستمر ويحدث التعلم مع انهماك الشخص في حل المشكلات التي يمكن نقلها إلى مجموعة واسعة من المواضيع والمواقف، فالمتعلم وبيئته يتغيران بشكل دائم. ويرفض الذرائعيون (pragmatists) فكرة الحقائق العالمية غير المتغيرة. والتوجيهات الوحيدة التي يجدها الناس عندما يتفاعلون مع عالمهم الاجتماعي أو بيئتهم هي التعميمات الراسخة الخاضعة للبحث والتدقيق. وبالنسبة للذرائعيين يجب أن يركز التعليم على التفكير الناقد ويعتبر التعليم استطلاعياً أكثر منه تفسيرياً، وتعتبر هذه الطريقة أكثر أهمية من المادة الدراسية. وطريقة التعليم المثالية لا تهتم كثيراً بتعليم المتعلم ماذا يفكر بل تعليمه كيفية التفكير الناقد من خلال أسئلة من مثل لماذا؟ وكيف يحدث هذا؟ وماذا لو؟ وهذه الأسئلة أكثر أهمية من ماذا؟ ومن؟ أو أين؟ الذرائعي التربوي الكبير كان ديوي الذي رأى التربية كعملية لتحسين الأوضاع الإنسانية، والمدارس كبيئات متخصصة ضمن بيئة اجتماعية أكبر. وقد كان المنهج قائماً على خبرات واهتمامات الطفل وإعداده لشؤون الحياة. وقد كانت المادة الدراسية متداخلة، وأكد ديوي على أسلوب حل المشكلات والطريقة العلمية.

الفلسفة الوجودية

بينما تُعْتَبَرُ الذرائعيةُ الفلسفةَ الأمريكية الرئيسية التي تطورت قبل ١٩٠٠، فالوجودية هي الفلسفة الأوروبية الرئيسية التي ظهرت في وقت مبكر، وأصبحت شائعة بعد الحرب العالمية الثانية. وفي التربية الأمريكية، يعتبر كل من ماكسين غرين و جورج كنيلر و فان كليف موريس من

الوجوديين المعروفين الذين يؤكدون على الفردية وتحقيق الذات الشخصية. ووفقا للفلسفة الوجودية (existentialism)، يستمر الناس بالاختيار وبالتالي تحديد أنفسهم. نحن ما اخترنا أن نكون وبذلك نقوم بصنع جوهرنا أو هويتنا الذاتية، ولذلك يعتبر الجوهر الذي نصنعه نتاجاً لاختياراتنا، وهذا بالطبع يتفاوت بين الأفراد. ويدعو الوجوديون أن يكون الطلاب أحراراً في اختيار ماذا وكيف يدرسون. ويجادل النقاد بأن هذا الاختيار الحر يجب أن يكون غير نظامي خاصة في مستوى المدرسة الابتدائية. ويعتقد الوجوديون بأن أهم معرفة هي معرفة الظروف البشرية، ويجب أن يطوِّر التعليم الوعي بالاختيارات وأهميتها. ويرفض الوجوديون فرض القواعد السلوكية للجماعات والسلطة والنظام الراسخ.

يتألف المنهج الوجودي من الخبرات والمواضيع التي تساعد الأفراد في حرياتهم وخياراتهم. على سبيل المثال، يتم التركيز على الفنون لأنها تنمي التعبير عن الذات وترسم الظروف البشرية والمواقف التي تتضمن خيارات، ويناقش المعلمون والطلاب حياتهم وخياراتهم. وبشكل خاص، يعكس الأدب والدراما وصناعة الأفلام والموسيقى والفنون الأنشطة التي تعبر عن الذات وتجسد العواطف والمشاعر والرؤى.

الفلسفة الإسلامية

تعتبر هذه الفلسفة من أشمل الفلسفات وأوسعها انتشاراً، إذ هي المعتمدة في المنهج الدراسي في أكثر من خمس وخمسين دولة عربية وإسلامية في وقتنا الحالي. وتقوم هذه الفلسفة على ما يلي:

١. تنطلق من الإيمان بالله وملائكته وكتبه ورسله واليوم الآخر.

٢. تقبل هذه الفلسفة من الفلسفات الأخرى ما لا يتناقض مع الدين الإسلامي وترفض منها ما يتعارض معه.

٣. تقبل الفلسفة الإسلامية في المحتوى التربوي ما لا يتعارض مع الدين وترفض ما يرفضه الدين.

٤. تعطي هذه الفلسفة أهمية خاصة لتعليم الدين والقيم والمثل والأخلاق الفاضلة (أي التربية الدينية).

٥. تعطي أهمية للفرد والجماعة معاً.

٦. تؤمن بالتعليم مدى الحياة، أي التعليم المستمر.

٧. تؤمن بالتعليم من أجل الخير والتقوى.

٨. تؤمن بالتعليم النافع.

٩. تؤمن بعدم الاختلاط بين الجنسين في المؤسسات التعليمية.

١٠. تؤمن بالتعليم العفيف من حيث المحتوى.

١١. تؤمن بالتسامح والتعايش بين الفئات والأعراق المختلفة.

الفلسفات التربوية

برزت أربع فلسفات تربوية متفق عليها: الديمومية والجوهرية (essentialism) والتقدمية والتجديدية. لكل من هذه الفلسفات جذور في واحدة أو أكثر من التقاليد الفلسفية الرئيسية. على سبيل المثال، تعتمد الديمومية بشكل كبير على الواقعية، والجوهرية متجذرة في المثالية والواقعية

(realism)، والتقدمية والتجديدية تنبع من الذرائعية. وترتبط بعض الفلسفات التجديدية بالآراء الوجودية.

الفلسفة الديمومية

الديمومية هي أقدم فلسفة تربوية محافظة متجذرة في الواقعية، وقد هيمنت هذه الفلسفة على الكثير من التعليم الأمريكي حتى بداية التسعينات. وفي مستوى المدرسة الابتدائية، شدد المنهج على "المهارات الثلاث" (القراءة والكتابة والحساب) والتدريب الأخلاقي والديني. وفي المستوى الثانوي، شدد المنهج على مواضيع من مثل اللاتينية واليونانية وعلم البلاغة والمنطق وعلم الهندسة. وكفلسفة تربوية، تعتمد الديمومية على الماضي وتشدد على القيم التقليدية وتؤكد على المعرفة الثابتة.

بالنسبة للديموميين، تعتبر الطبيعة الإنسانية ثابتة، ولدى البشر القدرة على التفكير وفهم الحقائق العالمية للطبيعة. والهدف من التربية تطوير شخص عقلاني والكشف عن الحقائق العالمية من خلال تطوير الشخصية الفكرية والأخلاقية للطلاب. يرتكز المنهج الديمومي على المادة الدراسية بالإضافة إلى أنه يعتمد كثيراً على الضوابط المحددة أو المحتويات المنظمة منطقياً، كما يركز على اللغة والأدب والرياضيات والعلوم. ويشجع المعلمون النقاشات والمَلَكات العقلية للطلاب حيث يقوم التعليم بشكل أساسي على

لطريقة السقراطية: الإيضاح الشفوي والمحاضرة والتفسير. ولذلك، فإن المنهج هنا واحد لكافة الطلاب مع توفر مجال قليل للمواد الدراسية الاختيارية أو المواد الدراسية الفنية أو المهنية، ويعتبر تدريب الشخصية مهمة كوسيلة لتطوير الجانب الروحي والأخلاقي لدى الشخص.

وتشكل الفنون الحرة الإرث الفكري، ومن خلال دراسة الأفكار العظيمة للماضي يمكن للمرء أن يواكب الحاضر والمستقبل بشكل أفضل. يقوم الطلاب بقراءة ومناقشة أعمال كبار المفكرين والفنانين أمثال أفلاطون وأرسطو وشكسبير من أجل تنمية فكرهم، ويتم تشجيع الطلاب على تعلم اللاتينية واليونانية وبالتالي يصبح بإمكانهم قراءة الأعمال الأدبية القديمة بلغتها الأصلية. وإضافة إلى الأعمال الأدبية ودراسة اللغة يشدد هتشينز على دراسة المهارات الثلاث (the three skills) والقواعد والشعر والمنطق والرياضيات المتقدمة والفلسفة. ويتعامل هذا المنهج مع الطبيعة الإنسانية باعتبارها عقلانية ومع المعرفة باعتبارها غير متغيرة.

ويعتبر أدلير التربيةَ الحرة أفضل تربية لكافة الطلاب ويؤيد تقديم المنهج نفسه وجودة التعليم لكافة البرامج التدريبية المهنية أو المتخصصة. كما يعتقد أن هذا النوع من المنهج يعد الطلاب لنطاق واسع من الوظائف، كما يعتبر أنه لا غنى عن هذه المواد الدراسية: اللغة والأدب والفنون الجميلة والرياضيات والعلوم الطبيعية والتاريخ والجغرافيا. وعلى الرغم من أن هذا

المنهج يركز على المواد الدراسية الأساسية، إلا أن مقترح بيديه لا يعرض المادة الدراسية كغاية في ذاتها ولكن كسياق لتطوير المهارات الفكرية التي تتضمن المهارات الثلاث والمحادثة والاستماع والملاحظة والقياس والتقدير وحل المشكلات. وتؤدي المواد الدراسية الأساسية والمهارات الفكرية إلى الوصول إلى مرحلة عالية من التعلم والتأمل والوعي. وبالنسبة لأدلير (كما هو الأمر بالنسبة لهتشينز)، إن هدف التربية هو تنمية أهم مهارات التفكير والمعرفة.

وتروق الديمومية لمجموعة صغيرة من المربين الذين يشددون على مجتمع الجدارة. كما يؤكد هؤلاء المربون على أهمية الاختبارات (tests) وعلى ضرورة وجود معايير وبرامج أكاديمية أكثر صرامة وعلى أهمية فرز الطلاب الموهوبين. كما يؤيدون وجود منهج عالمي وهو عادة الفنون الحرة مع القليل من المواد الاختيارية. وبالنسبة للديموميين، تنتج الجودة التربوية عن تزويد كافة الطلاب بتربية عالية الجودة.

وهناك سؤال هام جداً: كيف نفاضل بين فلسفة وأخرى؟ هل هناك معايير للمفاضلة بين الفلسفات المختلفة؟ لقد أجاب أحد العلماء عن هذا السؤال باقتراح ستة معايير هي:
١. الوضوح
٢. التوافق مع الحقائق

٣.   التوافق مع التجربة

٤.   التوافق مع المعتقدات الأخرى

٥.   المنفعة

٦.   البساطة

الفلسفة الجوهرية

وفقاً للجوهريين، يجب أن يتم تجهيز منهج المدرسة الابتدائية وفقاً "للمهارات الثلاث"، ويجب تهيئة المنهج الثانوي وفقاً لخمسة مواضيع أكاديمية: اللغة الأم والرياضيات والعلوم والتاريخ واللغة الأجنبية. وكالديمومية، تركز الجوهرية على المادة الدراسية إلا أن الجوهرية غير متجذرة في الماضي. ويقلل كل من الديموميين والجوهريين من قيمة المواد الدراسية من مثل الفن والموسيقى والتربية البدنية والاقتصاد المنزلي(home economics) والتربية المهنية. ويرفض الديموميون بالكامل هذه المواد الدراسية على اعتبارها نوعاً من العبث ومضيعة للوقت والجهد. ويفسح الجوهريون بعض المساحة لهذه المواد في المدارس، لكنهم يوصون بتقليص عدد الطلاب الذين يأخذون هذه المواد والساعات المخصصة لهذه المواد الدراسية، ويعكس منهج المدرسة الثانوية الحالي وجهة نظر الجوهريين. ويؤكد الديموميون على اكتساب المعرفة ويقيم الجوهريون أيضا الحقائق والمعرفة، لكنهم يشددون على مهارات التفكير التصوري وحل

المشكلات. ويرى كلا الطرفين بأن على كافة الطلاب اتباع المنهج نفسه مع تعديل سير المنهج وفقاً لقدرات الأفراد، لكن الجوهريين أكدوا على العلوم والرياضيات والتكنولوجيا الجديدة.

يشكو الكثير من الناس والمربين من تدني مستوى الطلاب في هذه الأيام رغم أن الحال يختلف من مكان إلى مكان. وسبب التدني يمكن أن يعود إلى:

١. الترفيع التلقائي للطلاب من مستوى دراسي إلى آخر.
٢. كثرة المساقات الاختيارية في نظام التدريس بالساعات المعتمدة.
٣. اتجاه كثير من المناهج إلى الإمتاع على حساب الحصيلة المعرفية.
٤. التركيز على الأساليب على حساب المحتوى.
٥. تدني علامة النجاح في المواد الدراسية أحياناً إلى ٥٠ بدلاً من ٦٠.

ولرفع مستوى المتعلمين، لا بد من معالجة الأسباب السابقة والسعي الدائم من أجل إعادة العافية إلى المناهج التعليمية. ويرى البعض من المربين والساسة أن النصر يبدأ من المدرسة والجامعة. هناك يصنع الشباب وهناك يُبْنى التميز وهناك يتم التزويد بالمعارف والمهارات والقيم (values) والاتجاهات. مؤسسات التعليم هي مصانع الشباب. ومن الضروري أيضا تحفيز الطلاب والمعلمين والآباء. وعلى المدارس الحصول على التقنية الضرورية وعلى الدعم المالي.

الفلسفة التقدمية

تطورت الفلسفة التقدمية من الفلسفة الذرائعية. واعتبرت الحركة التقدمية حركة إصلاح معاصرة في الشؤون التربوية والاجتماعية والسياسية. ترجع الجذور التربوية للفلسفة التقدمية لكتابات الإصلاح لتوماس جيفرسون وبنيامين راش في القرن الثامن عشر، ولكتابات هوراس مان وهنري بارنارد في القرن التاسع عشر، وكتابات ديوي في بداية القرن العشرين. ففي كتاب الديمقراطية والتربية، أكد ديوي أن الديقراطية (democracy) تسير جنباً إلى جنب مع التربية. نظر ديوي إلى المدرسة كمجتمع ديمقراطي مصغر يتعلم الطلاب فيه المهارات الضرورية من أجل حياة ديمقراطية.

وتركز الفلسفة التقدمية في التربية على ما يلي:

١. أسلوب حل المشكلة
٢. الطريقة العلمية في التفكير
٣. تنمية التعاون بين الطلاب
٤. تدريب الطلاب على الحياة الديمقراطية
٥. التعلم بالعمل
٦. أهمية طريقة التفكير
٧. معارضة التلقين
٨. معارضة الاعتماد على الكتاب
٩. التعلم الجماعي بدلاً من الفردي

١٠. توسيع المنهج إلى ما وراء جدران المدرسة.

المنهج الإنساني

بدأ المنهج الإنساني (human curriculum)(الذي يقع ضمن الفلسفة التقدمية) كردة فعل على المبالغة الزائدة في التركيز على المادة الدراسية و كردة فعل على التعلم المعرفي. واعتبر مربو هذا المنهج المفهومَ الذاتي من أهم العوامل المحددة للسلوك. يؤكد المنهج الإنساني على الانفعال أكثر من الإدراك. إن الهدف من المنهج الإنساني هو "تحقيق الذات للإنسان" أو "مجموع الجنس البشري". ولقد ارتبطت أعمال علماء النفس ضمن هذه النظرة الإنسانية بمصطلحات مثل الالتزام والتعزيز والخبرة والاستقلال وتحقيق الذات وتحديد الذات. ويؤكد المنهج الإنساني على السعادة والجمال والروحانية والعاطفة. ويقول مؤيدو المنهج الإنساني إن المدارس والمعلمين غالوا في التأكيد على القدرة المعرفية ويبحثون عن السيطرة على الطلاب ولا يبحثون عن مصالح الطلاب بل عن مصالح الكبار. ويرى مؤيدو الإنسانية أن المدارس غير مكترثة بالعمليات الفعالة والمعرفة الذاتية.

وانطلاقاً من المنهج الإنساني والتقدمية، قد تساعد الإرشادات التالية المعلمين:

- إظهار الاهتمام بكل الطلاب.
- تحدي الطلاب للاشتراك بشكل فعال في تعلمهم الذاتي.

- مساعدة الطلاب في تحديد أهدافهم الشخصية.
- بناء نشاطات التعلم بحيث يتمكن الطلاب من تحقيق أهدافهم الشخصية.
- ربط المحتوى بالأهداف الشخصية للطلاب.
- ربط المتطلبات التعلمية بعمر الطلاب ونموهم وقدراتهم.
- توفير التغذية الراجعة البناءة.
- استخدام المصادر المحلية للحصول على المعلومات وحل المشكلات.
- توفير طرق بديلة للتعلم والتقليل من الحفظ دون فهم.
- مساعدة الطلاب على تحقيق المهارة والإتقان.
- معرفة تقدم وإنجاز الطلاب.
- تشجيع الطلاب على التعبير عن أفكارهم ومشاعرهم.

الفلسفة التجديدية

ركزت هذه الفلسفة على ما يلي:

١. تربية تركز على المجتمع.
٢. المدرسة كوسيلة لإصلاح المجتمع.
٣. المسؤولية الاجتماعية للمعلم.
٤. تقوية السيطرة على المدارس.
٥. المساواة والعدل بين الطلاب.
٦. إلغاء التمييز العنصري (racial discrimination) في المدارس والمجتمع.

٧.   التركيز على المشكلات الدولية في أثناء التعليم.

٨.   فكرة العالم كقرية صغيرة (small village).

٩.   فكرة التجارة العالمية.

١٠.   الفرص التعليمية المتكافئة لجميع الأفراد منذ مرحلة المدرسة الابتدائية.

١١.   زيادة الإحساس بترابط مصير شعوب العالم على هذه الأرض.

الفصل الثالث

الأسس التاريخية للمنهج

في كل بلد من بلدان العالم، يمر المنهج المدرسي بمراحل معينة ويتأثر بعوامل معينة. في بلادنا العربية الإسلامية، ظهرت الكتاتيب أولا وهي تقوم على تعليم اللغة والدين أساساً. ثم ظهرت المدارس الابتدائية ثم الثانوية ثم المعاهد والكليات ثم الجامعات.

ثم ظهرت مؤخراً رياض الأطفال (kindergartens) وفكرة التعليم الأساسي الإلزامي التي كانت ست سنوات ثم صارت الآن تسع سنوات. ثم ظهرت فكرة التعليم الثانوي المتخصص (عام وعلمي وأدبي وتجاري ومهني). ثم ظهر نمطان من التعليم: تعليم حكومي وتعليم خاص أو أهلي على جميع المستويات بما في ذلك الجامعات الحكومية والجامعات الأهلية. ثم ظهر نمط من التعليم خاص بالمعوقين يدعى التعليم الخاص.

ولقد نحا المنهج المدرسي في البلاد العربية إلى ما يلي:

1. في بعض البلاد العربية، يتم التركيز على العلوم الدينية بحيث تنال نسبة عالية من ساعات التدريس الأسبوعي.

2. الاتجاه إلى التعليم المهني ابتداءً من المرحلة الثانوية لربط المدرسة بالحياة. فصار هناك تخصصات في التعليم الثانوي مثل التجارة والتمريض والعلمي والأدبي والمهني....إلخ.

3. الاتجاه إلى إدخال الحاسوب في التعليم من باب التحديث في المناهج.

4. إدخال التربية البدنية (physical education) في المنهج.

5. اعتماد الكتب الراقية في ورقها وطباعتها وألوانها لجذب الطالب إلى الكتاب.

6. إعادة تقييم الكتاب المدرسي وتطويره من حين إلى حين.

7. اعتماد السلاسل في الكتب ومبدأ التدريج في المنهج والبناء التراكمي للمنهج.

8. التأثر بما يجري في العالم في مجال تطوير المناهج.

بستالوزي: الأساليب الخاصة والعامة

تأثرت التربية الأمريكية المبكرة بأفكار المربي السويسري بستالوزي (1746-1827م). ووفقاً لأحد المؤرخين التربويين، وضع بستالوزي أسس المدرسة الابتدائية الحديثة وساعد على إصلاح المدارس الابتدائية. وأكد على أن التعليم يجب أن يستند على نمو الطفل الطبيعي. وكانت فكرته التعليمية الأساسية إصراره على أن الأطفال يتعلمون عن طريق الحواس. واستنكر التعليم الصَّمي ودافع عن المنهج المرتبط بخبرات وتجارب الأطفال المنزلية.

اقترح بستالوزي الأسلوب "العام" والأسلوب "الخاص". فالأسلوب العام هو للمعلمين الذين سوف يوفرون للأطفال الأمن العاطفي والمودة. أما الأسلوب الخاص فإنه يهتم بالأحاسيس السمعية والمرئية للأطفال. وابتكر بستالوزي الدرس "الموضوعي" حيث يدرس الأطفال المواضيع العامة مثل النباتات والصخور والأدوات المنزلية.

فروبل: حركة رياض الأطفال

طور فروبل (1782-1852م)، وهو مربٍّ ألماني، ما أسماه برياض الأطفال. ركز فروبل على الأطفال ذوي الثلاث والأربع سنوات واعتقد بأن تدريسهم ينبغي أن يركز على اللعب والنشاطات والاهتمامات الفردية والجماعية. وشجع فروبل المنهج المهتم بالطفل والقائم على الحب والثقة والحرية. وكانت الأغاني والمواد الملونة والألعاب جزءاً من المنهج حيث يلعب الأطفال بالأشياء (بالأجسام الكروية والدوائر والمكعبات) ويشكلون ويبنون بالمواد (الصلصال والرمال والورق المقوى) ويشاركون في النشاطات المرحة (مثل بناء القصور والجبال والركض وتمارين أخرى).

هربارت: النمو الذهني والأخلاقي

أكد الفيلسوف الألماني هربارت على أن تكون التربية في المقام الأول أخلاقية وأن يكون المنهج التقليدي صارماً ومحدوداً. ودافع عن المنهج الذي

يعطي الناس اهتمامات مختلفة ومنظوراً متوازناً في الحياة. وحدد هربارت مجموعتين رئيسيتين للمادة الدراسية: الاهتمامات المعرفية والاهتمامات الأخلاقية (ethical concerns). وتشمل الاهتمامات الأخلاقية القناعات الشخصية وحب الخير واحترام العدالة والمساواة. أراد هربارت أن يُدْخل التاريخ والإنجليزية والرياضيات والعلوم في جميع مراحل المنهج. وهو من أدخل فكرة الترابط بين جميع المواضيع الدراسية.

رأى هربارت التعلم كعملية نفسية حيث يخاطب فيها المعلم احتياجات واهتمامات الطالب. وتحتوي العملية التعليمية على الخطوات الآتية:

١. التحضير: يأخذ المعلم بعين الاعتبار خبرات التعلم السابقة للطلاب ويحفزهم على الاستعداد للمادة الجديدة.

٢. العَرْض: تقديم الدرس الجديد.

٣. الربط: يرتبط الدرس الجديد بالأفكار التي درست سابقاً.

٤. التنظيم: يتقن المتعلم القوانين والمبادىء والتعميمات الجديدة.

٥. التطبيق: اختبار وتطبيق الأفكار الجديدة.

تبنى معلمو الصف المدرسي خطوات هربارت في التدريس والتي طبقت أيضاً في تدريب المعلمين (teacher training). وطلب من المعلمين تحضير دروسهم عن طريق التفكير في خمسة أسئلة: ماذا يفعل طلابي الآن؟ ماهي الأسئلة التي ينبغي أن أسألها؟ ماهي الأحداث التي ينبغي أن

أربطها؟ ماهي الاستنتاجات التي يجب أن أتوصل إليها؟ كيف يمكن للطلاب تطبيق ما تعلموه؟

سبنسر: التربية العلمية والنفعية

كان سبنسر عالماً اجتماعياً إنجليزياً استندت أفكاره التربوية إلى نظرية داروين القائمة على التطور البيولوجي. أكد سبنسر على أن المجتمعات البسيطة تتطور إلى أنظمة اجتماعية أكثر تعقيداً تتميز بالعديد من المهن والحرف المتخصصة. وبسبب قوانين الطبيعة وسنة الحياة، يتكيف الأذكياء من الناس مع التغييرات البيئية. أما الأقل ذكاء والضعفاء فإنهم يختفون ببطء. ودافع عن المنهج العلمي والعملي الذي يناسب المجتمع الصناعي.

بنى سبنسر منهجاً يهدف إلى الحياة والتقدم. واحتوى منهاجه نشاطات تحافظ على الحياة وتعززها وتساعد في تربية الأطفال وتحافظ على العلاقات الاجتماعية للفرد وتعزز الترفيه والمشاعر. وجادل سبنسر في مقالته المشهورة "ماهي المعرفة الأعظم قيمة؟" أن العلوم كانت من أكثر المواضيع عملية من أجل بقاء الفرد والمجتمع، ومع ذلك فإنها تحتل مكاناً ضئيلاً في المنهج. وأكد سبنسر على أن الطلاب يجب أن يتعلموا "كيف" يفكرون لا "ماذا" يفكرون.

تطورات عبر العقود

لقد أراد المربون في كل مكان تطوير المنهج إلى الأمام. ولقد ظهرت عبر التاريخ وترسخت اتجاهات من مثل:

١. التعليم للجميع.

٢. التعليم مجاني أو شبه مجاني.

٣. التعليم إلزامي إلى نهاية التعليم الأساسي.

٤. التعليم الثانوي إعداد للجامعة.

٥. تعزيز التربية المهنية (vocational education).

٦. ربط المدرسة والجامعة بالحياة وبحاجات الطلاب وحاجات المجتمع.

٧. الاتجاه المستمر نحو تحديث المنهج.

٨. الاتجاه نحو التربية للمواطنة من مثل تربية عسكرية وتربية دينية وتربية وطنية.

٩. مزيد من التوجه نحو التعلم بالعمل، بالمران، بالتطبيق.

١٠. الاتجاه نحو مزيد من المختبرات العلمية واللغوية.

١١. القضاء على الأمية.

١٢. برامج لتعليم الكبار.

١٣. برامج المدارس المسائية.

١٤. مدارس اليوم الكامل، أي ١٢ ساعة يومياً.

١٥. التعليم المستمر (continuous education) قبل الشهادات وبعدها.

١٦. التعليم المتمركز حول المتعلم، وليس حول المعلم.

١٧. مزيد من التعليم المهني والمدارس والمعاهد المهنية.
١٨. مزيد من ربط المدرسة بالبيت لحل كل مشكلات الطالب وتطوير المنهج.
١٩. مزيد من الإرشاد المدرسي.
٢٠. الاتجاه نحو مزيد من استخدام التِلْفاز في التعليم فيما يسمى التِلْفاز التعليمي. هناكَ الآن قنوات فضائية تعليمية، خاصة بالتعليم في مراحله المختلفة.
٢١. الاتجاه نحو مزيد من تفريد التعليم، أي التركيز على الطلاب فرداً فرداً.
٢٢. الاتجاه نحو مزيد من التعليم من بعد، لإتاحة الفرصة لأكبر قدر من المتعلمين للوصول إلى المعرفة.
٢٣. الاتجاه نحو مزيد من إدخال التكنولوجيا في التعليم في غرفة الصف وخارجها.

بمساعدة ديوي وآخرين، أسس "جود" علماً للتربية مبنياً على إيجاد الحقائق وإنشاء تعميمات ثم تطبيقها في صنع القرار وحل المشكلات-problem) (solution. وأشار جود إلى هذا الأسلوب بأن أطلق عليه "المذهب العلمي في التربية". استخدم جود البحث الإحصائي لتحديد قيمة محتوى المنهج. وعند تحضير الطلاب ليتمتعوا بالقدرة على مواجهة المشكلات، قال إن الطلاب سيكونون مستعدين لمواجهة العالم المتغير والمشكلات التي سيواجهونها كبالغين. لقد ألح جود على أن يتعرض طلاب

المرحلة الأساسية للتعليم المهني مما له فائدة على تحضيرهم لمهنة ما. وفي المرحلة الثانوية، اقترح جود مواضيع عملية ذات توجيه مهني أو فني.

إعادة تنظيم التعليم الثانوي

في كثير من البلدان، تتم مراجعة أهداف المنهج الثانوي وغير الثانوي بصورة دورية بقصد التطوير. ولقد أوصت إحدى اللجان التربوية بالتوصيات الآتية لتطوير التعليم الثانوي:

١. ينبغي للتعليم أن يعزز سبعة أهداف: الصحة والمعرفة بالأساسيات وعضوية الأسرة والمهنة والمواطنة وأوقات الفراغ والطابع الأخلاقي.

٢. ينبغي للمدرسة الثانوية أن تكون مؤسسة شاملة.

٣. ينبغي لمنهج المدرسة الثانوية أن يتناسب مع احتياجات الطلاب المتنوعة.

٤. ينبغي أن تُطبق مبادئ علم النفس (psychology) وأساليب القياس والتقييم على المناهج والتدريس في المرحلة الثانوية.

٥. على المؤسسات التعليمية أن تتعاون فيما بينها عند تطبيق القرارات التربوية.

نشأة حقل المنهج (١٩١٨- ١٩٤٩م)

في بداية القرن العشرين، أثر كل من الأساليب العلمية للبحث وعلم النفس وحركة دراسة الأطفال والكفاءة الصناعية والحركة التقدمية على العملية التعليمية. وفي وقتنا الحالي، يُنْظر إلى المنهج على أنه علم مستقل بذاته ذو مبادئ وأساليب، وليس كما في الماضي حيث كان يرى على أنه مجموعة من المواد الدراسية فقط.

السلوكية والمبادئ العلمية

تأثر كل من المربيَيْن الأمريكيَّيْن بوبيت (١٨٧٦-١٩٥٦م) وتشارترز (١٨٧٥- ١٩٥٢م) بفكرة الكفاءة. وكان فريدرك تايلور قد حلل كفاءة المصنع واستنتج أنه ينبغي للعمال أن يتقاضوا أجورهم على أساس منتجاتهم الفردية، وأثرت نظرياته في كل من بوبيت وتشارترز. بعدها، أصبحت الإدارة الفعالة للمدارس هدفاً أساسياً في عشرينيات القرن العشرين. وغالباً ما استلزمت الكفاءة إلغاء الغرف الصفية الصغيرة وزيادة نسبة الطلاب والمعلمين، ومن ثم تجهيز الجداول والرسومات لبيان تخفيض الكلفة. لقد أصبح إعداد المنهج أكثر علمية وتم تحويل التعليم والتعلم لسلوكات ومخرجات (outputs) قابلة للقياس. وصار الاقتصاد في نفقات التعليم هدفاً من الأهداف.

إن أفكار بوبيت لاختيار الأهداف يمكن تطبيقها اليوم على النحو الآتي: (١) التخلي عن الأهداف غير العملية أو التي لا يمكن تحقيقها في الظروف

العادية، (٢) التأكيد على الأهداف الهامة للنجاح وحياة البالغين، (٣) تجنب الأهداف التي تعارض المجتمع، (٤) إشراك المجتمع في اختيار الأهداف، (٥) التمييز بين الأهداف المخصصة لجميع الطلاب وتلك المخصصة لمجموعات معينة منهم و(٦) ترتيب الأهداف حسب المستويات الدراسية.

تأثير التعليم التقدمي

إن ظهور التعليم التقدمي والتعليم العالمي أدى إلى ردة فعل عنيفة ضد صرامة المنهج التقليدي والحفظ عن ظهر قلب والتركيز على المواد الصعبة والمنهج الثانوي المُعَدّ للتحضير للجامعة. لقد ركز المنهجيون المعاصرون على المتعلم أكثر من تركيزهم على المادة الدراسية، وركزوا على العمليات الاجتماعية أكثر من العمليات المعرفية. لقد تم تنظيم المنهج حول غرفة الصف والنشاطات الاجتماعية والمشاريع الجماعية. وحاول كلباترك دمج علم النفس السلوكي الحالي مع الفلسفة التقدمية لديوي وجود. وسُمِّيَ المزيج فيما بعد بـ"أسلوب المشروع". وبعدها قسم كلباترك منهجيته إلى أربع خطوات: تحديد الهدف والتخطيط والتنفيذ والتقييم.

كان كثير من المربين- ومازالوا- يشكون من سوء الأوضاع التربوية في المدارس. وكانت الشكاوى تدور حول ما يلي:

١. كان التركيز على الصف كوحدة كبيرة، ولم يكم هنالك مكان لتفريد التعليم.

٢. كان التركيز على ضبط الصف (class control) وحفظ النظام فيه.

٣. كان الطلاب يستمعون بسلبية للمعلم دون أن يتعلم أي طالب من زملائه.

٤. لم يكن هناك انتفاع من وسائل الإعلام أو دعوة لزائر أو رحلات ميدانية.

٥. كان التعليم مُركّزاً حول اكتساب المعرفة بشكل رئيسي دون الاهتمام بتحفيز الطلاب ليفكروا أو يحلوا المشكلات.

٦. كان المعلمون يولون أهمية خاصة لحفظ النظام وكان الطلاب يفضلون عدم بذل جهد يُذكَر.

٧. الشعبية كانت لمن هو وسيم أو رياضي من الطلاب، ونادراً ما كان يشار إلى الطالب النبيه.

في الحقيقة، هكذا كان الحال في كثير من المدارس في كل أرجاء العالم، بل وما زال هذا هو الحال في كثير من المدارس إلى يومنا هذا. وإن كثيراً من المدارس بحاجة إلى إصلاح تربوي يعالج الشكاوي المذكورة آنفاً.

الاهتمامات الحالية في المناهج المعاصرة

تتجه المناهج حالياً في معظم دول العالم نحو ما يلي:

١. مراعاة الفروق الفردية بين المتعلمين فيما يعرف بِـ "تفريد التعليم".

٢. إشراك الطلاب في الأنشطة الصفية (class activities) والأنشطة غير الصفية.

٣. الاستفادة من وسائل الإعلام في التعليم.

٤. دعوة زائرين من خارج المدرسة ليتحدثوا إلى الطلاب.

٥. التعلم عن طريق الرحلات الميدانية.

٦. حث الطلاب على التفكير التحليلي والتفكير الناقد وحل المشكلات.

٧. إدخال التكنولوجيا في التعليم.

٨. الاهتمام بحاجات المتعلمين وميولهم.

٩. اهتمام المنهج بالجوانب المعرفية والصحية والانفعالية والاجتماعية للطالب بشكل متكامل.

١٠. الاهتمام بالقضايا المحلية والقومية والعالمية ضمن محتوى المنهج.

١١. الاهتمام بأنواع المعارف بشكل تكاملي: الجانب العلمي والجانب الأدبي والجانب المهني والجانب الجمالي والجانب الصحي والجانب النظري والجانب العملي.

العالمية والخصوصية في المناهج

في حقيقة الأمر، إن المنهج الدراسي في بلد ما يتأثر بعاملَيْن:

١. الخصائص العالمية في المنهج. إن المنهج في كل بلد في العالم لا شك أنه يتأثر بتطورات المناهج في البلدان الأخرى. ويأتي هذا عن طريق اليونسكو وسواها من المنظمات التربوية الإقليمية والعالمية واللجان التربوية الدولية وحضور المؤتمرات التربوية الدولية، حيث يتكلم المتكلمون ويسمع السامعون فيقبلون أو يرفضون أو يعدِّلون ما يسمعون. ومن هنا تأتي المسحة العالمية في المناهج المحلية.

٢.　　　　الخصائص المحلية (local characteristics) في المنهج. كما أن في كل منهج دراسي مسحة عالمية، توجد في كل منهج مسحة محلية خاصة بالمجتمع المحلي. في العادة، يرفض خبراء المناهج أن يكون المنهج في بلدهم نسخة طبق الأصل للمناهج في بلاد أخرى تختلف عنهم في اللغة والتاريخ والثقافة. ويصر هؤلاء الخبراء أن يكون للمنهج في بلدهم خصوصية تميزه عن سواه من المناهج، خصوصية تستجيب لعوامل التاريخ والدين والقيم والثقافة والجغرافيا المتعلقة بذلك البلد. وهكذا، ففي المنهج الدراسي في كل بلد سمات عالمية يشترك فيها مع سواه من المناهج في معظم بلدان العالم، وسمات محلية خاصة بذلك البلد تراعي ظروفه الخاصة. وتبرز السمات العالمية بوجه خاص في المواد العلمية، في حين تبرز السمات المحلية في المواد غير العلمية.

الفصل الرابع

الأسس النفسية والاجتماعية للمنهج

يهتم علم النفس بكيفية تعلم الناس، كما يبحث المختصون في وضع المناهج في كيفية إسهام علم النفس في تصميم وإيصال المناهج. لكن من جهة أخرى، كيف يمكن للمختصين في وضع المناهج أن يسخروا المعرفة النفسية لزيادة احتمالية تعلم الطلاب؟ كما أن علم النفس يوفر قاعدة لفهم عمليتي التعليم والتعلم. وكلتا العمليتين ضروريتان بالنسبة للمختصين في وضع المناهج، ذلك أن المناهج لا تكون ذات قيمة إذا لم يتعلم الطلاب أو لم يحصلوا على المعرفة. ومن الأسئلة التي تثير اهتمام علماء النفس والمختصين في وضع المناهج هي: ما مدى استجابة الطلاب لجهود المعلمين؟ وكيف تؤثر الخبرات الثقافية (cultural experiences) في تعلم الطلاب؟ كيف ينبغي أن يتم تنظيم المناهج الدراسية لتحسين عملية التعلم؟ وما هو أثر ثقافة المدرسة في تعلم الطلاب؟ وما هو المستوى الأمثل

لمشاركة الطلاب في تعلم محتويات المناهج المختلفة؟ لا يمكن لأي باحث في علم المناهج أن ينكر أهمية دور هذا التأسيس النفسي. فالكل متفقون على أن عملية تعليم المناهج وتعلمها عمليتان مترابطتان، كما أن علم النفس يوطد هذا الترابط.

إن علم النفس يقوم بدور أساسي في اختيار محتويات المنهج وفي ترتيبها، كما يقوم بدور أساسي في اختيار أساليب التدريس المناسبة والأنشطة التعلمية. كما أنه يشكل مرجعاً هاماً في اتخاذ كثير من القرارات التربوية.

تاريخياً، تصنف نظريات التعلم إلى ثلاث مجموعات:

1. النظريات السلوكية: تركز على العلاقة بين المثير والاستجابة، وعلى الدوافع والحوافز والتشويق.
2. النظريات المعرفية: تركز على المتعلم كجزء وثيق الصلة بالبيئة من حوله وعلى تطبيقه لما يتعلم.
3. النظريات الإنسانية: تركز على جميع جوانب حياة الطفل وعلى نموه الاجتماعي والنفسي والمعرفي.

الفلسفة السلوكية

علماء السلوك الذين يمثلون علوم النفس التقليدية والذين هم متأصلون في الفكر الفلسفي حول طبيعة التعلم يؤكدون على أن إشراط السلوك (behavioral conditioning) وتغيير البيئة يمكّن من انتزاع الاستجابات

المبتغاة من المتعلم. ولقد سادت هذه المدرسة السلوكية على معظم نظريات علم النفس في القرن العشرين.

كان ثورندايك (وهو عالم أمريكي) أول من قام بتجارب لكشف الصلة بين المثير (stimulus) والاستجابة (response). وقد قام بتجاربه على الحيوانات أولاً. وسمى العلاقة بين المثير والاستجابة الإشراط التقليدي.

وقد طور ثورندايك ثلاثة قوانين أساسية في عملية التعلم: (١) قانون الجاهزية: عندما تكون وحدة التواصل جاهزة فإنها تكون مُرْضية وفي حال عدم جاهزيتها تكون مزعجة.(٢) قانون المِرَان : تتناسب قوة الصلة بين المثير والاستجابة طردياً مع التكرار والشدة.(٣) قانون الأثر: الاستجابات المصحوبة بالرضا تقوي الصلة، أما الاستجابات المصحوبة بعدم الرضا فإنها تضعفها. يفترض قانون الجاهزية (readiness rule) أن الجهاز العصبي عندما يكون على استعداد للتواصل فإن ذلك يؤدي إلى حالة من الرضا. ويوفر لنا قانون المران تبريراً للتدريبات والتكرار، وهو من أفضل الطرق اليوم بالنظر إلى عملية الإشراط السلوكي والمهارات الأساسية في المناهج التعليمية. وعلى الرغم من استخدام المعلمين لطريقة المكافآت والعقوبات منذ عدة قرون، فقد وضحت وبررت نظرية ثورندايك الأمور. كما أبرز أهمية التغذية الراجعة الفورية: هل الإجابة صواب أم خطأ؟ وهذا ما يدعي أيضاً التعزيز الفوري.

ويؤكد ثورندايك في نظريته على ما يلي : (١) إن السلوك يتأثر بأجواء التعلم. (٢) يمكن تحسين قدرات المتعلمين وموقفهم من التعلم من خلال توفير

المثيرات المناسبة. (٣) يمكن لنا تصميم الخبرات التدريسية والتحكم بها. (٤) إن من المهم اختيار المحِّفزات والخبرات التعلمية لتكون متكاملة و متناسقة ومتعاضدة.

المتأثرون بمنهج ثورندايك: (تايلر،تابا،برونر)

لقد تزامن ظهور نظريات ثورندايك (١٨٧٤-١٩٤٩) مع العلماء (تايلر) و(تابا) و(برونر). وقد تبنى هؤلاء العلماء الذين تأثروا بثورندايك النظريات الآتية:

١. التعلم للتطبيق، وليس للحفظ عن ظهر قلب فقط.
٢. التعلم قابل للانتقال من موقف إلى مواقف أخرى مماثلة.
٣. التعلم يقوم على إحداث تعميمات (generalization).
٤. المران وحده لا يكفي لتعزيز الذاكرة؛ لا بد من حصول المتعلم على تعميمات تفيده في انتقال أثر التعلم. ولا بد من تعزيز المران بأسلوب حل المشكلة والاكتشاف بالاستعلام.
٥. كل الموضوعات الدراسية هامة ومتساوية في الأهمية، ولا صحة لأفضلية موضوع على آخر.

إن أهمية هؤلاء العلماء الثلاثة تكمن في أنهم كسروا مقولة "التعلم بالمران" وأضافوا إلى المران ضرورة التعميمات وأسلوب حل المشكلة.

الإشراط التقليدي

إن أول من اكتشف "الإشراط التقليدي" هو العالم الروسي (إيفان بافلوف)، وأجرى تجاربه على كلب. من المعروف أن الكلب يسيل لعابه عند تقديم الطعام إليه. كان بافلوف يرن جرساً مع تقديم الطعام. ومع تكرار الجرس مع الطعام، صار لعاب الكلب يسيل برنين الجرس وحده (أي دون طعام). وهكذا، لقد استطاع بافلوف تعليم الكلب على أن يسيل لعابه مع الجرس دون طعام.

ولقد رأى واطسون وآخرون أن مفتاح عملية التعلم هو تعلم الأطفال في السنين الأولى من عمرهم. ولقد تباهى (واطسون) يوماً قائلاً: (إن أعطيتموني مجموعةِ من الأطفال الرضع ذوي بنية جسدية سليمة وتهيأت لي البيئة المناسبة لتربيتهم، فسأضمن لكم بأني قادر على أخذ أي رضيع منهم بشكل عشوائي وأن أدربه ليصبح مختصاً في أي تخصص أختاره له. فقد أجعله طبيباً أو محامياً أو فناناً. ومن الممكن جعله متسولاً أو لصاً بغض النظر عن مهاراته وقدراته ومواهبه). وعززتْ هذه المقولة قضيةَ التأثير البيئي على الطفل في الوقت الذي كانت فيه الأغلبية العظمى من العلماء تغلِّب العامل الوراثي.

الإشراط الإجرائي

ربما كان أكثر عالم طبق نظرياته في الغرف الصفية من بين علماء السلوك هو (فريدريك سكنر). وقد استخدم في تجاربه الفئران والحمام. كما

ميز نوعين من الاستجابة هما: (١) استجابة منتزعة: وهي استجابة تتحدد بوجود مثيرات معينة،(٢) استجابة منبعثة: وهي استجابة لا ترتبط ظاهرياً بمثيرات (stimuli) يمكن تحديدها. فعندما تكون الاستجابة منتزعة يكون السلوك مستجيباً. وعندما تكون منبعثة يكون السلوك متأثراً (عدم وجود مثيرات قابلة للملاحظة والقياس توضح شكل الاستجابة). ففي الإشراط الإجرائي يقل دور المثيرات. وغالبا لا يستطيع السلوك المنبعث أن يتصل بمثيرات معينة.

يمكن تصنيف المُعزِّزات إلى ثلاثة أنواع: أساسية وثانوية و عامة. أما المعزز الأساسي فهو ينطبق على المثيرات التي تساعد على إرضاء الغرائز والحاجات الأساسية مثل الطعام والشراب. أما المعزز الثانوي فهو كالحصول على الاستحسان من بعض الأصدقاء أو المعلمين أو الحصول على بعض المال أو المكافآت المدرسية. وهذه أمور مهمة للناس لكنها لا تلبي الحاجات (needs) والغرائز الأساسية، بل يمكن تحويلها لتصبح معززات أساسية. ولكن بالنظر لعملية اختيار المعززات الثانوية ولمداها الواسع، فقد أشار إليها (سكينر) على أنها معززات عامة. فمدرسو الغرف الصفية يملكون العديد من المعززات الثانوية المختلفة تتراوح بين ثناء وابتسامة إلى عتاب وعقاب.

التعزيز

وفي رأي سكنر، التعزيز نوعان. النوع الأول تعزيز إيجابي، من مثل الثناء والمكافآت. وقد يكون هذا التعزيز مادياً (مثل المكافأة أو الحلوى) أو

معنوياً (مثل الثناء اللفظي). والنوع الثاني من التعزيز سلبي، من مثل العقاب. وهو أيضاً مادي (من مثل الضرب أو الحرمان من الطعام أو الشراب) أو معنوي (من مثل التأنيب والعتاب). ويرى سكنر أنه لا بد من استخدام التعزيز في غرفة الصف، كما يرى أن التعزيز الإيجابي أفضل من التعزيز السلبي. وتقوم أنشطة صفية كثيرة على مبدأ التعزيز. فالتعليم المبرمج يقوم على التعزيز الفوري (صواب أو خطأ). وإدارة الصف تقوم على التعزيز (الإيجابي والسلبي).

والتعزيز قد يكون فورياً أو مؤجلاً. مثلاً، الطالب يجيب ويأتيه التعزيز فوراً بعد الإجابة. أما إذا جاء التعزيز (صواب أو خطأ) بعد الإجابة بيوم أو أسبوع، فهذا تعزيز مؤجل. والتعزيز الفوري أفضل من التعزيز المؤجل.

التعلم بالملاحظة

لقد ركز بعض العلماء بشكل كبير على فهمنا لعملية التعلم عن طريق الملاحظة. إن السلوك العدواني يتم اكتسابه من خلال مشاهدة تصرفات عدوانية سواء كانت هذه التصرفات حقيقية أو مستمدة من فلم أو حتى برنامج أطفال. وفي الوقت نفسه يستطيع الطلاب أن يكونوا مسالمين من خلال ملاحظة بعض الناس الذين يملكون مزاجاً هادئاً. إن الناس يستطيعون التعلم من خلال ملاحظة الناس الآخرين أو حتى من خلال مشاهدة الأفلام. وهذا

يعكس التأثير الكبير للتلفاز على سلوك الإنسان إذ يؤدي إلى تأثيرات كبيرة في عملية تعديل السلوك.

التعلم الهرمي

لقد قدم (روبرت قاجنيه) ترتيباً هرمياً يتكون من ثمانية أنواع من التعلم هي:

١. التعلم الدلالي(إشراط تقليدي، الاستجابة إلى إشارة معينة) من مثل الخوف من الجرذان.

٢.استجابة لمثير (إشراط إجرائي، الاستجابة لمثير معين) من مثل استجابة الطالب للأمر (اجلس).

٣. السلاسل الحركية (أن نصل طريقتين أو أكثر من طرق (المثير-الاستجابة) لتشكيل مهارة أكثر تعقيداً) من مثل تنقيط حرف معين ووصله بحرف آخر للحصول على كلمة جديدة تتكون من كلا الحرفين.

٤. الترابط اللفظي (وصل كلمتين أو أكثر أو عدة أفكار) من مثل ترجمة كلمة أجنبية.

٥. التمييزات المتعددة (الاستجابة بعدة طرق لبنود مختلفة من مجموعة محددة) من مثل التمييز بين العشب والأشجار.

٦. المفاهيم (التفاعل مع المثير بطريقة تجريدية) من مثل الحيوانات، القواعد، وهكذا.

٧.القوانين (وضع اثنين أو أكثر من المفاهيم أو حالات الإثارة على شكل سلسلة) من مثل الصفة تصف الاسم.

٨. حل المشكلة (جمع القوانين المعروفة أو المبادئ وتحويلها إلى عناصر جديدة لحل المشكلة) من مثل حساب مساحة المثلث إذا عرف طول ضلعين منه.

وكذلك وصف (قانجيه) خمس نتائج للتعلم يمكن ملاحظتها وقياسها وتشمل بالنسبة له جميع مجالات التعلم : (١) **المهارات الفكرية:** "معرفة كيف" يتم تصنيف واستخدام الرموز اللفظية والرياضية وكيفية وضع المفاهيم من خلال القواعد، وكيفية حل المشكلة. **(٢) المعلومات:** "معرفة ما هو" أي معرفة الحقائق والأسماء والتواريخ. **(٣) إستراتجيات معرفية:** وهي مهارات تحتاج إلى معالجة وتنظيم المعلومات. وتسمى اليوم "إستراتجيات التعلم" أو مهارات التعلم. **(٤) المهارات الحركية (motor skills):** القدرة على تنسيق الحركات البسيطة والمعقدة والتي تأتي مع الممارسة والتمرين.(٥) **المواقف:** مشاعر أو عواطف يتم اكتسابها من خلال تجارب إيجابية أو سلبية.

تطبيق السلوكية في غرفة الصف

يمكن تطبيق السلوكية في غرفة الصف بعدة طرق فعالة منها:

١. اعتماد المعلم للحوافز التشجعية في التدريس حسبما يناسب عمر المتعلم.

٢. اعتماد المعلم للمكافآت الفورية، ولو كلمة تشجيع أو ثناء بعد الإجابة الصحيحة من المتعلم.

٣. تشديد المعلم على انتباه الطالب لأنه لا تعلم دون انتباه.

٤. التركيز على مبدأ أهمية المران (practice) ليكتسب الطالب المهارات.

٥. اعتماد المعلم لمبدأ التعزيز الفوري (غير المؤجل) ليعرف الطالب هل جوابه صحيح أم خطأ فور تقديمه الجواب.

٦. إعادة التعليم حيثما يلزم.

٧. التعزيز الإيجابي (بالثواب) أفضل من التعزيز السلبي (بالعقاب).

٨. التعزيز الفوري أفضل من التعزيز المؤجل.

٩. الدوافع الداخلية أفضل من الدوافع الخارجية لأنها أقوى وأدْوَم.

النظرية السلوكية و المنهج

للنظرية السلوكية تأثير كبير على التربية. ويمكن تلخيص ذلك في النقاط الآتية:

١. التعلم المبرمج (programmed learning) قائم على السلوكية وعلى مبدأ المثير والاستجابة وعلى مبدأ التعزيز الفوري.

٢. يجب تنظيم المنهج بشكل خطوات قابلة للتعلم من أجل تحقيق إتقان المادة الدراسية.

٣. يجب استخدام التعزيز لتسهيل التعلم والتشويق إليه.

ومن ناحية أخرى، فقد انتقد كثير من المربين النظرية السلوكية من حيث أنها:

١. تبالغ في تبسيط وصف عملية التعلم.
٢. تنظر إلى التعلم على أنها عملية آلية.
٣. تبني نتائجها على التجريب (experimentation) على الحيوانات. وما ينطبق على الحيوان قد لا ينطبق على الإنسان.
٤. إن التعلم البشري أعقد من مجرد ربط مثير باستجابة، إذ هناك الجانب المعرفي.

علم النفس المعرفي

في أي وقت نقوم فيه بتصنيف الظواهر فإننا نواجه خطر سوء التفسير. في هذه الأيام معظم علماء النفس يصنفون نمو الإنسان و تطوره على أنه معرفي واجتماعي ونفسي وبدني. وعلى الرغم من أن الفرد ينمو ويتطور في جميع هذه المجالات إلا أن معظم علماء النفس يوافقون على أن التعلم في المدرسة هو معرفي بشكل أساسي. ومعظم علماء النفس متفقون على أن التعلم ينتج من خلال تفاعل البشر مع العالم الخارجي. على العموم، ليس هناك إجماع بخصوص كيفية تحديد المدى الذي تتفاعل فيه لدى الفرد العوامل الوراثية مع العوامل البيئية. ولمن تكون الغَلَبَةُ: للوراثة (heredity) أم البيئة؟ ومن الجدير بالذكر أن الجدل مستمر حول قضية الوراثة ضد البيئة في تحديد النتائج المعرفية في المدرسة.

نماذج تدريسية

- **نموذج التدريس المباشر: نموذج روزن شاين.**

١. توضيح أهداف التعلم: بدء الوحدة بمقدمة قصيرة عن أهدافها.

٢. المراجعة: تقديم مراجعه قصيرة عَمَّا تم تعلمه.

٣. تقديم مواد جديدة: عرض المواد الجديدة باختصار.

٤. الشرح: إعطاء تعليمات وشروحات واضحه ومفصلة.

٥. المِرآن: توفير ممارسة فعالة لجميع الطلاب.

٦. الإرشاد: إرشاد الطلاب في المراحل الأولى من بدء المران.

٧. تفقد الفهم: توجيه عدة أسئلة تساعد الطالب على الفهم.

٨. توفير التغذية الراجعة: توفير تغذية راجعة منظمة وهادفة.

٩. تقييم الأداء: حصول الطالب على معدل النجاح وهو ٨٠% أو أكثر خلال فترة المران.

١٠. المراجعة والاختبار: توفير المراجعة والاختبار على فترات متباعدة.

- **إتقان التعلم: نموذج بلوك واندرسون.**

١. التوضيح: الشرح للطالب حول ما يتوقع منه أن يتعلمه.

٢. الإعلام: شرح الوحدة بالاعتماد على تفاعل الطلاب جميعاً.

٣. الاختبارات المسبقة: إعطاء الطالب امتحانات تكوينية بحيث يقوم الطلاب بتصحيح أوراق إجاباتهم بأنفسهم لمعرفة مكان الخطأ عندهم.

٤. • التجميع (grouping): بالاعتماد على النتائج يتم تقسيم الطلاب إلى مجموعتين : ١. متقنين (الحاصلون على ٨٠% أو أكثر). ٢. غير المتقنين (وهم الحاصلون على علامات تقل عن ٨٠%).

٥. الإغناء والتصحيح: العمل على التدريس الإغنائي مع الطلاب المتقنين والتدريس التصحيحي مع غير المتقنين.

٦. الرصد: رصد تطور الطلاب وتوزيع وقت المعلمين من أجل دعم المجموعات كلاً على حدة وذلك بالاعتماد على حجم المجموعة وأدائها.

٧. الاختبار البَعْدي: عمل اختبار إجمالي لمجموعة الطلاب غير المتقنين.

٨. تقييم الأداء: على ٧٥% على الأقل من الطلاب اكتساب الإتقان في الاختبار.

٩. إعادة التعليم.

● نموذج التدريس الموجَّه: نموذج هنتر.

١. المراجعة: التركيز على الوحدة السابقة والطلب من الطلاب تلخيص الأفكار الرئيسية فيها.

٢. التوقع: تركيز انتباه الطلاب على الوحدة الجديدة وتحفيز اهتمامهم بالمواد الجديدة.

٣. الأهداف: الوضوح في تحديد ما يجب تعلمه وبشكل عقلي أو تحديد الفائدة من تعلمه.

٤. المدْخلات (inputs): تعريف المعرفة التي يحتاج الطلاب إليها والمهارات الضرورية لتعلم الوحدة الجديدة، وعرض المادة من خلال خطوات متتابعة.
٥. صنع النماذج: توفير العديد من الأمثلة أو البراهين خلال إعطاء الوحدة.
٦. تفقد عملية الفهم: رصد عمل الطلاب قبل انشغالهم بنشاطات الوحدة والتأكد من التزامهم بالتوجيهات وقيامهم بالمهام المطلوبة.
٧. الممارسة الموجَّهة: توجيه العديد من الأسئلة للطلاب بشكل دوري والتأكد من إجاباتهم، ومن ثم التأكد مجدداً من رصد عملية فهمهم.
٨. المران المستقل: تعيين عمل أو ممارسة مستقلة للطلاب عند التأكد من أن الطلاب يستطيعون العمل وحدهم مع الفهم والحد الأدنى من الإحباط.

المنظور المعرفي

يهتم علماء النفس المعرفيون بتشكيل النظريات التي تلقي الضوء على طبيعة عملية التعلم، وخصوصاً كيف يُنْشئ الفرد قواعد المعرفة وكيف يُنْشئ أو يتعلم المنطق أو إستراتيجيات حل المشكلة. كيف للناس أن يميزوا المعرفة؟ وكيف لهم أن يخزنوا المعلومات؟ وكيف يقومون باسترجاع البيانات وعمل الخلاصات؟ هذه هي الأسئلة المركزية عند علماء النفس المعرفيين الذين يهتمون بكيفية استخدام الفرد للمعلومات الجديدة. كما أنهم لم يهتموا بكمية المعرفة التي يملكها الناس فحسب بل اهتموا كذلك بالتصرفات المعرفية

الأخرى. اهتموا بكيفية معالجة المعلومات عند الأفراد وكيف أنهم يرصدون ويديرون تفكيرهم ونتائج تفكيرهم بقدرتهم على معالجة المعلومات.

لقد اهتم علماء النفس المعرفيون بشكل أساسي بأسلوب البناء العقلي، حيث أنهم يؤمنون بأن هناك نوعين من الذاكرة: قصيرة الأجل وطويلة الأجل. يقسم بعض المربين الذاكرة قصيرة الأجل إلى ذاكرة لحظية وذاكرة عاملة. الذاكرة اللحظية تتعامل مع الأمور الشعورية أو اللاشعورية والاحتفاظ بالمدخلات إلى حوالي ثلاثين ثانية خلال فترة تقييم الشخص إذا ما كان يريد تخزين هذه المعلومة أم لا. أما إذا كانت المعلومات مهمة فإنها تتواجد في الذاكرة العاملة حيث تعالج العمليات الشعورية فقط. كما أن الفرد يتصرف بشكل مباشر مع المعلومات والحالات. تملك الذاكرة العاملة حداً لانهائياً من التركيز وتعالج فقط كميات محددة من المعلومات. ولكن هذه الحدود مرنة بحسب ترتيب المعلومة. ويستطيع الفرد زيادة سعة ذاكرته العاملة من خلال تجميع فئات المعلومات ووضعها على شكل مقادير ذات معنى للفرد. أما الذاكرة طويلة الأجل فإنها تتعامل مع نوعين من المعلومات: دلالي وإجرائي. وتخزن هذه الذاكرة المعلومات وتسترجعها. وبالمقارنة مع الذاكرة العاملة، فإن الذاكرة طويلة الأجل (long-term memory) تملك سعة لانهائية لتخزين المعلومات. ويستطيع المتعلمون النشيطون نقل المعلومات من الذاكرة العاملة إلى الطويلة الأجل بالسرعة الممكنة.

طريقة مونتيسوري

لقد كانت ماري مونتيسوري من أعظم علماء التربية في بداية القرن العشرين. وقد أدارت عيادة للأمراض النفسية (psychological clinic) في جامعة روما، حيث التقت هناك بأطفال ذوي إعاقات عقلية وجسدية يعيشون في مصحات عقلية. وقد استنتجت لاحقاً أن المشكلة الأساسية ليست طبية (حسب الأفكار السائدة في ذلك الوقت) ولكنها تربوية ونفسية. لقد كان المعاصرون لمونتيسوري مندهشين عندما استطاعت تعليم هؤلاء الأطفال القراءة والكتابة في المستوى المتوسط. لقد اعتمدت في طريقة تدريسها النهج العلمي والعقلي الذي يهتم بمراحل تطور الأطفال (كما لوحظ إمكانية تطبيق طرق تدريسها على الأطفال الطبيعيين أيضاً). وهكذا وبدلاً من أن يكون هؤلاء الأطفال مجبرين على حفظ الحقائق، أصبحوا قادرين على تطوير شخصياتهم بطريقة عجيبة ومدهشة.

في العام ١٩٠٦، وبعد خمس سنوات من الدراسة المتقدمة في علم النفس والتربية، تم الطلب من مونتيسوري العمل على تطوير مدرسة جديدة متقدمة لأطفال الملاجئ في روما. وقد سميت هذه المدرسة (منزل الأطفال). وأصبحت هذه المدرسة نموذجاً لرياض الأطفال في مدينة نيويورك فيما بعد. وعلى المدى القصير تم تبني أفكار مونتيسوري من قبل وليام كلباترك في مختبر مدرسة لانوكولت وكلية المعلمين في جامعة

كولومبيا. وقد كانت الغالبية العظمى من الكتاب التربويين مهتمين بأعمال مونتيسوري.

لقد رفضت مونتيسوري النظريات السلوكية القائمة على ربط المثير بالاستجابة. وأكدت على أهمية النظر والاستماع في النمو العقلي للطفل. ولذلك، أكدتْ هي على المدخلات السمعية (hearing inputs) والبصرية كشرط لتعلم الطفل.

لقد أكدت مونتيسوري على أن الأطفال ينمون بسرعات متباينة. فهناك أطفال أكثر نضوجاً من غيرهم من حيث طريقة التفكير والعلاقات الاجتماعية. وهناك على الجانب الأخر أطفال يحتاجون إلى دعم خاص في مراحل معينة من فترة نموهم. لقد أدركت مونتيسوري أن هناك قدرات معرفية واجتماعية تنمو قبل غيرها: الأطفال، على سبيل المثال، يجلسون ويزحفون قبل أن يمشوا، ويمسكون الأشياء قبل أن يتعاملوا معها، ويمشون قبل أن يركضوا.

كما لاحظتْ أن الأطفال الفقراء غير جاهزين لدخول المدارس، كما أنهم يتخلفون بشكل كبير عن غيرهم من الأطفال. إن الطبقة الدنيا في المجتمع غالباً ما تكون هي الفئة الدنيا في المدرسة. وكانت أهدافها هي إغناء البيئة المدرسية وتزويد الطلاب بالمكافآت عند قيامهم بأداء المهام المطلوبة

منهم، وذلك لتعزيز ثقتهم بأنفسهم وتعلمهم المهارات الأساسية. وقد قامت بتعويض الأطفال عن القصور الموجود في بيوتهم والأجواء البائسة التي كانوا يعيشونها. كما استخدمت طريقة التربية التعويضية. ولم تمض سوى ست سنوات حتى تم قبول هذه الطريقة في التربية في الولايات المتحدة على نطاق واسع.

نظريات بياجيه

لقد قدم عالم النفس السويسري بياجيه (١٨٩٦-١٩٨٠) نظرية شاملة لوصف مراحل التطور المعرفي. فبعد خمس وعشرين عاماً من البحث في البيئات الأوروبية، جذبت أعمال بياجيه انتباه الأمريكيين في الخمسينات والستينات من القرن العشرين كعالم نفس متخصص في النمو المعرفي (cognitive development). ولقد وصف بياجيه مراحل النمو المعرفي من لحظة الولادة إلى مرحلة البلوغ، وجعلها أربع مراحل هي:

١. المرحلة الحسية الحركية (من الولادة حتى عمر سنتين): يتقدم الطفل من العمليات اللإرادية وعدم تمييز الأشياء من حوله إلى التصرفات الحسية الحركية المعقدة، ثم يبدأ يعرف بأن الأجسام ذات ديمومة ويمكن إيجادها مرة أخرى، ثم البدء باكتشاف العلاقات البسيطة بين الأجسام المتشابهة.

٢. المرحلة الإجرائية (الأعمار من سنتين إلى سبعة): هنا يعطي الطفل معنى للأجسام والأفعال، مثلاً الكرسي للجلوس والملابس لنرتديها. ويظهر الطفل قدرة على تعلم مفاهيم أكثر تعقيداً من خلال الخبرة. ومن أكثر الأمثلة المألوفة على هذه المفاهيم: البرتقال والتفاح والموز هي فواكه وعلى الطفل أن يلمسها ويأكلها.

٣. مرحلة المعالجة المحسوسة (من سبعة إلى أحد عشر عاماً): يبدأ الطفل بترتيب البيانات ترتيباً منطقياً ويتمكن من معالجتها بسهولة. وهذه العملية لا تتم إلا إذا كان الهدف محسوساً أو يمكن تصوره من خلال تجارب سابقة. ويكون الطفل قادراً على الحكم على المفاهيم العكسية أو التبادلية: مثال اليمين واليسار عبارة عن علاقة مكانية.

٤. مرحلة المعالجة المجردة (أكبر من أحد عشر عاماً): في هذه المرحلة يستطيع الفرد فهم العمليات المجردة وتحليل الأفكار واستيعاب العلاقات الزمانية والمكانية والتفكير بشكل منطقي حول بيانات مجردة وتقسيمها حسب معايير مقبولة. ووضع الفرضيات وتوقع العواقب الممكن حدوثها والوصول إلى خلاصة دون المرور بتجربة مباشرة. وفي هذه المرحلة ليس هناك حدود لمحتوى عملية التعلم، لأن التعلم في هذه المرحلة يعتمد على قدرة الأفراد الفكرية والخبرات البيئية.

مراحل (بياجيه) المعرفية الأربع تفترض مسبقاً أن الفرد يجب أن يكون ناضجاً (mature) ، وأن العمليات العقلية متتالية. إن المراحل تتدرج تدرجاً هرمياً حيث أن العمليات العقلية تنمو وتتكامل. وعلى الرغم من ثبات هذه المراحل إلا أن مستويات تحقيق الأهداف تختلف من حالة إلى حالة باختلاف العوامل الوراثية والبيئية لدى الفرد.

تأثيرات بياجيه

لقد تأثر العديد من التربويين بنظريات بياجيه، وأبرزهم هم:

١. تايلر: لقد نظم تايلر خبرات التعلم في ثلاث مراحل هي الاستمرارية (للمهارات والمفاهيم داخل المنهج) والتسلسل (وهو التدرج والتراكمية داخل خبرات المنهج) والتكامل (بين عناصر وموضوعات المنهج).

٢. تابا: أكدت على تنظيم المنهج وتعلم الخبرات الجديدة.

٣. برونر: قال إن التعلم يتكون من ثلاث عمليات متصلة، وهو رأي شبيه بما قاله بياجيه. والعمليات الثلاث هي الاكتساب (للمعلومات الجديدة) والانتقال (من خبرة إلى أخرى ومن موقف إلى موقف) والتقييم.

التفكير والتعلم

لقد أظهرت أبحاث عديدة ما يلي:

١. هناك علاقة بين الذكاء (intelligence) وترتيب ولادة الطفل. فقد تأكد أن الطفل الأكبر (أي الطفل الأول في ترتيب الولادة في الأسرة) أذكى من الثاني والثاني أذكى من الثالث، لأن الأول يتولى مسؤلية خاصة في الإشراف على إخوته الأصغر منه. وهذه المسؤولية تشحذ قدراته ومهاراته وطاقاته.

٢. الذكاء المتعدد. هناك ثماني مجالات للذكاء: المنطقي الرياضي والبعدي المكاني واللغوي والحركي والموسيقي والاجتماعي والذاتي والطبيعي. ويجب أن يتسع المنهج لجميع هذه المجالات.

٣. يختلف الناس في طرق تعلمهم. فالبعض يتعلم أكثر بالقراءة، والبعض بالاستماع، والبعض بالملاحظة (observation). البعض يفضل التعلم بالبصر والبعض بالأذن. البعض يفضل الاستقراء والبعض يفضل الاستنتاج. البعض يفضل التعلم من العام إلى الخاص والبعض يفضل العكس. البعض يفضل الجزئيات والبعض يفضل الكليات.

حل المشكلة والتفكير الإبداعي:

كان ديوي من أبرز المربين الذين اهتموا بإدخال أسلوب "حل المشكلة" في التعلم. وفي رأيه أن مردود هذا الأسلوب ينتقل من غرفة الصف إلى

جميع جوانب حياة الطالب، كما أنه يزيد من ذكائه العام وقدراته العامة. ويتكون أسلوب حل المشكلة من خمس خطوات مشهورة هي:

١. الإحساس بالمشكلة.

٢. تحديد المشكلة.

٣. جمع البيانات ذات العلاقة وتشكيل الفرضيات.

٤. قبول أو رفض الفرضيات.

٥. الاستنتاجات وتقييمها.

ومن المفترض أن يتجه التعليم إلى تدريب الطالب على التفكير الناقد عن طريق توجيه المنهج إلى أنشطة تحتوي على مثل هذا التفكير. ويتطلب التفكير الناقد الإجابة عن أسئلة من مثل ما يلي:

١. ما هو تعريف المصطلحات؟

٢. ما هي الأسباب؟

٣. ما هي النتائج؟

٤. ما هي وجوه التشابه؟

٥. ما هي وجوه الاختلاف؟

٦. ما هي النقاط الرئيسية؟

٧. ما هي الأمثلة؟

٨. لماذا وكيف ومتى وأين؟

٩. ما هي البدائل؟

هذه الأسئلة وأمثالها تعوِّد المتعلم على التفكير الناقد والتفكير الإبداعي.

ويجب أن يتوجه المنهج إلى تدريب الطالب على التفكير الإبداعي (creative thinking) أيضاً. ومن صفات هذا النوع من التفكير ما يلي: الرغبة في التساؤل والتركيز والفردية والتسامح عند اختلاف الآراء والخروج عن المألوف مع الالتزام بالثوابت الأخلاقية وتكامل الأفكار والجنوح إلى الخيال واتخاذ القرارات والرغبة في الإنجاز. وهناك أسلوب هام في التفكير هو التعلم بالاكتشاف. وهنا يقود المنهج الطالب إلى التعلم عن طريق الاكتشاف، أي يساعد المنهج الطالب من أجل أن يكتشف الحقائق بنفسه عن طريق التجارب المخبرية مثلاً أو عن طريق التفكير الاستقرائي الذي يتدرج من الحالات الخاصة إلى الاستنتاجات العامة. التعلم بالاكتشاف يمكن أن نسميه "فكِّرْ واكتشف".

علم النفس الإنساني والمنهج

بتأثير علم النفس الإنساني، بدأ المنهج يصطبغ بما يلي:

١. الاهتمام بحياة الطالب، وليس بالتحصيل الدراسي فقط.
٢. الاهتمام بالصورة العامة والمجال العام وليس بالجزئيات فقط.
٣. الاهتمام بحاجات الطالب النفسية خلال عملية التعليم والتعلم.
٤. الاعتراف بحق الطالب في الاعتراض إذا أراد وفي التفكير الحر المستقل.

٥. الاهتمام بحق الطالب في تحقيق ذاته.

٦. احترام إنسانية الطالب.

٧. الاهتمام بتشويق الطالب ودوافعه (motives) وحاجاته النفسية في أثناء بناء المنهج وفي أثناء تنفيذه.

الأساس الاجتماعي للمنهج

إضافة إلى الأساس الفلسفي والأساس النفسي للمنهج، هناك الأساس الاجتماعي. وهنا تظهر أسئلة هامة من مثل:

١. ما تأثير المجتمع على المنهج؟

٢. ما تأثير الأسرة على المنهج؟

٣. كيف يطور المنهج قيم وأخلاق المتعلمين؟

لاشك أن المجتمع والمنهج في علاقة تفاعلية متبادلة. فالمجتمع يتدخل في بناء المنهج لأن المجتمع يريد من المنهج أن ينتج نوعاً معيناً من الطلاب، والمنهج يريد من المجتمع أن يشترك في بنائه وتنفيذه وتقييمه.

والفرد في نموه يمر في مراحل ست: الطفولة المبكرة، الطفولة الوسطى، المراهقة، البلوغ المبكر، وسط العمر، النضوج. وعلى المنهج المدرسي الاهتمام بالمراحل الثلاث الأولى من مراحل النمو، ولكل مرحلة مزاياها وحاجاتها. على المنهج الاهتمام بحاجات المتعلم في كل مرحلة من هذه المراحل.

في الطفولة المبكرة (early childhood)، يُكوِّن الطفل بعض المفاهيم، يستعد للقراءة، يميز الصواب من الخطأ، ويبدأ تَكَوُّن الضمير. وفي الطفولة الوسطى، يبدأ الطفل في تعلم مهارات بدنية، يُكِّون موقفاً من نفسه، يتكيف اجتماعياً مع أقرانه، يعرف نفسه ودوره، يبدأ بالاستقلال، ويكون مواقف من الذين حوله. وفي مرحلة المراهقة، يكون الفرد علاقات أقوى مع الأقران ويقبل ذاته وشكله ويستقل أكثر عن أسرته ويفكر في الجنس الآخر ويخطط للمستقبل وتتبلور لديه قيم أخلاقية محددة ويهتم أكثر بالمقبولية الاجتماعية لسلوكه.

وأهم مظهر من مظاهر الأساس الاجتماعي للمنهج هو التربية الأخلاقية. وهنا يأتي دور الدين في المراحل التعليمية كلها. يجب أن يعرِّف المنهجُ الطالبَ بما يلي:

١. ما هو الصواب وما هو الخطأ؟
٢. ما هو الحلال وما هو الحرام؟
٣. ما هو المقبول من الله وما هو المرفوض؟
٤. العقيدة الإسلامية
٥. أركان الإسلام
٦. القرآن الكريم والسنة الشريفة
٧. الزواج والطلاق في الإسلام
٨. حقوق الإنسان في الإسلام

٩. الحدود في الإسلام

١٠. الأخلاق الحميدة

١١. احترام الآخرين والحفاظ على حقوقهم

١٢. البر بالوالدين وصلة الأرحام والأقارب

١٣. التعاون في البر والتقوى

كل هذه الموضوعات يجب أن تدخل في المنهج باستمرار بشكل مباشر أو غير مباشر من أجل بناء الشخصية المرغوبة، الشخصية التي تلتزم بالأخلاق الحميدة، الشخصية التي يرضى عنها الله والمجتمع.

الفصل الخامس

تصميم المنهج

يُعنى تصميم المنهج بأربعة أمور هي: الأهداف والمحتوى والخبرات التعلمية والتقييم. إن هذه المكونات تثير أسئلة من مثل: ماذا نفعل؟ وماذا ندرِّس؟ وماهي الأنشطة التعليمية اللازمة؟ وكيف نقيِّم المتعلمين؟ والسؤال الهام هو: ماهي مصادر تصميم المنهج؟ لقد أجاب عديد من المربين عن هذا السؤال بعدة طرق مختلفة تعتمد على نظرة المربي وفلسفته. ولكن أكثر المربين أكدوا على أن مصادر التصميم هي:

1. القيم والأخلاق أي الدين. وهذه مصدر رئيسي لا يمكن التقليل من شأنه، بل لا بد من التركيز عليه في كل تصميم.

2. العلوم. يزود المنهج المتعلمين بالروح العلمية والأسلوب العلمي (scientific method) وأسلوب حل المشكلات.

3. المجتمع. للمجتمع تأثير كبير على المنهج وتصميمه، إذ للمجتمع أهداف وحاجات ومؤسسات ضاغطة، وأكثريات وأقليات لها متطلبات وتحفظات.

4. المعرفة. في زحمة المعارف ونموها اليومي يحتار مصممو المناهج ماذا من المعرفة يختارون وماذا يتركون وأين يبدأون وأين ينتهون.

5. المتعلم. إن المتعلم هو مصدر رئيسي لتصميم المنهج. ما سنه؟ ما ميوله؟ ما حاجاته؟ ما مستواه العقلي؟ ولذا، نشأ هنا ما يعرف بالمنهج المتمركز حول المتعلم (learner-centered curriculum)، وليس حول المادة الدراسية. وهذا المنهج يعطي الأولوية للمتعلم.

تنظيم المنهج

لتنظيم المنهج، لا بد من مراعاة ما يلي:

1. التنظيم الأفقي: وهذا يستدعي ربط المواد الدراسية معاً في مستوى دراسي ما. مثلاً، ربط الرياضيات بالعلوم في كل مستوى دراسي لإنجاز أكبر قدر من الترابط الأفقي لأجزاء المنهج.

2. التنظيم الرأسي. هنا لا بد من تنظيم مادة دراسية ما عبر سنوات الدراسة المتتالية من المستوى الدراسي الأول إلى المستوى الدراسي الثاني

عشر. مثلاً، منهج الرياضيات يتم تقسيمه إلى أجزاء متدرجة ومتكاملة عبر السنين.

٣. المجال. ما هو محتوى المنهج؟ كم يتسع؟ وكم يتعمق؟ وإلى أي مدى ندخل في التفاصيل؟ وكم مدته؟ كم ساعة في الأسبوع؟ ما مدى الاتساع وما مدى الاختصار في المحتوى؟

٤. التتابع. لا بد أن تتتابع أجزاء المنهج في السنة الدراسية الواحدة وأن تتابع عبر السنوات الدراسية المتلاحقة. لا بد أن ينبني جزء من المنهج على أجزاء سابقة. وقد يتحدد التتابع على أسس منطقية في المادة الدراسية ذاتها أو على طبيعة عملية التعلم. والتتابع يعتمد على أربعة مبادىء: من البسيط إلى المعقد، ومن الكل إلى الجزء، ومن الماضي إلى الحاضر، ومن الأساسيات إلى التفاصيل.

٥. الاستمرارية. وهي أن تستمر مهارة ما عبر السنوات الدراسية المتتالية. مثلاً، الإملاء الصحيح: لا بد أن يندرج الإملاء في المنهج من سنة إلى سنة لتحقيق أكبر قدر من المهارة في هذا المجال وعلى مستويات تراكمية متعاقبة.

٦. التكامل. يقصد بالتكامل ربط المواد الدراسية بعضها ببعض وتقليص الحدود بينها إلى أبعد حد ممكن.

٧. التوازن. كم من الوقت نعطي لكل مادة دراسية أو لكل مهارة؟ ما أهمية كل مادة بالنسبة لسواها من المواد؟ هل نعطي أوقاتاً متساوية للمواد الدراسية المختلفة أم نُفاوت في أوقاتها وأوزانها حسب أهميتها؟

تصاميم المنهج المتنوعة

هناك اتجاهات متنوعة في تصميم المناهج. منها ما يلي:

١. التصميم المرتكز على المادة الدراسية (content-centered design). وهذا النوع من التصميم يتخذ أشكالاً متنوعة:

أ. التصميم المرتكز على المواضيع المنفصلة. تقسم المواد الدراسية إلى موضوعات مثل التاريخ والجغرافيا والنبات والحيوان....إلخ.

ب. التصميم المرتكز على المواضيع المترابطة. هنا يتم دمج كل موضوعين أو ثلاثة في موضوع واحد، مثلاً الرياضيات بدلاً من الحساب والجبر والهندسة.

ج. التصميم المرتكز على المجالات الواسعة. مثلاً، العلوم العامة لتشمل الفيزياء والكيمياء والنبات والحيوان والجيولوجيا. مثال آخر هو العلوم الاجتماعية لتشمل التاريخ والجغرافية والسياسة والاقتصاد وعلم الاجتماع.

٢. التصميم المرتكز على المتعلم. وهذا النوع من التصميم له أشكال متنوعة: مرتكز على الطفل (ميوله وخصائصه النفسية) ومرتكز على الخبرات. وهذا التصميم ردة فعل على التصميم المرتكز على المادة الدراسية. ويدعوه البعض التصميم المرتكز على النشاط.

ويستخدم التصميم المرتكز على المتعلم الأساليب الآتية:

١. يركز على ميول الطلاب.
٢. يركز على النشاط الطلابي داخل الصف وخارجه.
٣. يركز على أسلوب حل المشكلات في التعليم والتعلم.
٤. يستخدم أسلوب المشروعات (project method) في التعليم: اختيار المشروع، ثم وضع الخطة، ثم تنفيذ المشروع، ثم تقييم المشروع. هنا يقوم الطلاب أنفسهم (بتوجيه من المعلم) بهذه الخطوات من أجل تكريس مبدأ التعلم بالعمل.

ويتعرض التصميم القائم على المتعلم للانتقاد أيضاً، إذا يقال عنه إنه يهمل المادة الدراسية على حساب ميول المتعلمين. ولقد انتُقِد التصميم القائم على الموضوع الدراسي أيضاً، إذ قيل إنه يهمل ميول الطالب من أجل المادة الدراسية. والأفضل في الحقيقة هو المنهج المتوازن (balanced curriculum) في تصميمه: منهج يعطي المواد الدراسية حقها من الاهتمام ويعطي المتعلمين حقهم من الاهتمام أيضاً. وكما يقال، إذا تناقض اتجاهان من صنع البشر فالصواب التوفيق بينهما.

التصميم والوحدات

من أجل تسهيل تنفيذ المنهج، يتم تقسيمه إلى وحدات على النحو الآتي:

١. يوضع لكل وحدة المحتوى المناسب.

٢. يخصص لكل وحدة الزمن المناسب لتدريسها.

٣. تخصص لكل وحدة الأهداف المناسبة.

٤. تحدد لكل وحدة النشاطات التعلمية المناسبة لها. من المناسب أن يصاحب المنهج كتاب للمعلم يرشده إلى كيفية تدريس كل وحدة منهجية وخطة تنفيذ الوحدة.

٥. تخصص لكل وحدة المراجع والوسائل والأجهزة والأدوات المناسبة.

٦. تشمل خطة الوحدة أساليب تقييم الطلاب وعدد مرات التقييم.

والوحدة- في العادة - تكون جزءاً من كتاب مقرر مخصص لتدريس مادة ما في سنة دراسية محددة. والوحدة تكون في العادة فصلاً في كتاب. ولهذه الوحدة مقدمة ومضمون (أي محتوى) وأنشطة وتمارين وأسئلة، كلها موجهة لتحقيق أهداف المنهج.

الفصل السادس

تطوير المنهج

كل عملية هامة لا بد أن تحتاج إلى تطوير. والمقصود بالتطوير هو التغيير إلى الأحسن، وليس مجرد التغيير. والتطوير (development) يجب أن يسبقه تقييم، ثم يتم التطوير بناءً على نتائج التقييم.

وللتطوير في المناهج مجالات عديدة: تطوير في الكتب المدرسية، تطوير في أساليب التدريس، تطوير في إعداد المعلِّم، تطوير في المباني المدرسية والمختبرات والملاعب، تطوير في محتويات المنهج، وتطوير في أساليب تقييم الطلاب. وباختصار، يتناول التطوير جميع مكوِّنات المنهج.

أساليب التطوير

من الممكن أن يتم التطوير بأسلوبين:

١. التطوير المحدود. هنا يتم التطوير بطريقة انتقائية ويتخذ أشكالاً متنوعة. مثال ذلك تعديل خطة الدراسة أو حذف فصل من كتاب أو إضافة

فصل إلى كتاب أو حذف مادة دراسية أو إضافة مادة دراسية أو تعديل نظام الامتحانات أو حذف أو إضافة أنشطة مدرسية.

٢. التطوير الشامل. هنا توضع خطة شاملة للتقييم، ثم توضع خطة شاملة لإعادة تصميم المنهج بقصد التطوير. وفي هذه الحالة، توضع خطة من خمس سنوات أو عشر سنوات تهدف إلى تطوير جميع مجالات المنهج. وترصد الأموال اللازمة للتطوير ويبدأ التطوير وفق خطة زمنية مدروسة.

أسس تطوير المنهج

لكي يكون تطوير المنهج ناجحاً، لا بد أن يعتمد على الأسس الآتية:

١. أن يكون التطوير هادفاً. ماذا نريد من التطوير؟ ولماذا نطور؟ وماذا نطور؟ تطوير بلا هدف هو مضيعة للوقت والجهد والمال.

٢. أن يكون التطوير شاملاً. رغم فوائد التطوير الجزئي، لكن أثره يبقى محدوداً. الأفضل هو التطوير الشامل لجميع مكونات المنهج.

٣. أن يكون التطوير علمياً. يجب أن يعتمد التطوير على تقييم وعلى خطة وعلى جدول زمني، وعلى أهداف محدودة، وألا يكون عشوائياً.

٤. أن يكون التطوير مستمراً. التطوير عملية مستمرة، ولا يحدث مرة واحدة في العمر. التطوير ملازم للحياة وملازم للتنفيذ.

٥. أن يكون التطوير تعاونياً (co-operative development). عملية التطوير ليست عملية فردية، بل عملية يشترك فيها الطلاب والمعلمون والمجتمع بالإضافة إلى الخبراء والاختصاصيين.

٦. أن يساير التطوير الاتجاهات التربوية الحديثة. ومن أبرزها التعلم بالنشاط، التعلم الذاتي، الاهتمام بالنوع وليس بالكم فقط، التعلم المستمر، وإدخال التكنولوجيا في التعليم.

تحليل المادة الدراسية

تعد المادة الدراسية أو المحتوى نقطة البداية في تحليل المحتوى (المادة الدراسية). فالسؤال الأساسي هو ما هي المعرفة المهمة للطلاب؟ إن الخبراء التربويين هم المسؤولون عن تصميم وتعليم المنهج. على أية حال، يمكننا التوصل إلى خبرة العلماء في عدة فروع من فروع الدراسة والمعرفة. فإذا كان الهدف من المنهج هو إعداد أناس لمهن معينة، فيكون السؤال هنا: ما هي المادة الدراسية (المحتوى) التي ستمكن الطلاب من إتقان هذه المهن؟ تحليل المادة الدراسية يعتمد على تقسيمها إلى عناوين فرعية ثم إلى عناوين جزئية تسهيلا لتعليمها وتعلمها. ويجب تقسيم المادة الدراسية إلى عدة أجزاء ذات ترتيب منطقي.

تحليل التعلم

تقليدياً يبدأ تحليل التعلم (learning analysis) عند تنظيم المحتوى، لأن عملية التحليل تشمل تحليل النشاط المطلوب كي يتعلم الطلاب المحتوى المختار. و بذلك يطرح السؤال التالي: ما هي النشاطات التي يمكن للطلاب

الاشتراك فيها لتعلم المحتوى وحل المشكلات أيضاً؟ ومن الأسئلة المهمة أيضاً: هل يوجد وقت مثالي لتعلم مهارات ومحتوى معين؟ ماذا يتوجب على المتعلم تعلمه كي يكتسب الكفاءة في المهارة أو المحتوى؟ في هذه المرحلة يقوم محلل التعلم باختبار طرائق تعليمية تنقل الطلاب نحو أهداف البرنامج. أما في المرحلة التالية من تحليل التعلم، فإن مطوري المنهج يقومون بتصميم خطة منهج توفق بين المعلومات المكتسبة من خلال اختيار محتوى المادة وطرائق التعليم.

النموذج التشاوري لتطوير المنهج

بموجب هذا النموذج التطويري، لا تخضع عملية التطوير لرأي رجل واحد، بل هي عملية تشاورية تشترك فيها أطراف عديدة مثل الطلاب والمعلمين والناس والخبراء. ويمكن أن يتخذ هذا النموذج المراحل التالية:

١. المشاركة العامة: يجتمع الناس لتبادل الأفكار حول تطوير المنهج.
٢. بيان نقاط التوافق ونقاط عدم التوافق بين المشتركين في اللقاء.
٣. شرح المواقف.
٤. بيان التغييرات في الموقف من جراء الاستماع إلى أراء مختلفة.
٥. مناقشة نقاط التوافق.
٦. تبني القرار المناسب بشأن الأهداف والمحتوى والأساليب والتطبيق والتقييم.

صياغة الأهداف العامة و الأهداف المتوسطة والأهداف الدنيا

إن هم نقطة في تطوير المنهج هي تحديد الأهداف لتربوية (educational objectives)، إذ لا تطوير ذا معنى دون أهداف. هذه الأهداف يجب أن تحدد وتصاغ صياغة دقيقة. والأهداف هنا يمكن أن تكون على ثلاثة مستويات:

١. الأهداف العامة
٢. الأهداف المتوسطة
٣. الأهداف الدنيا
وسنرى فيما يلي المقصود بكل نوع من الأنواع الثلاثة.

صياغة الأهداف العامة

يجب على المعنيين بتطوير المنهج تحديد أهدافهم العامة التي تزودهم بالتوجيه وبالأحكام ذات القيمة الفعالة. لقد قام (رالف تايلر) بتلخيص أهداف التربية على النحو الآتي:
١. تطوير الإدراك الذاتي.
٢. تعليم الأفراد.
٣. تشجيع التفاعل الاجتماعي (social interaction).
٤. تقييم المهارات الكافية والفهم الضروري للعمل المنتج.

٥. تقييم الأدوات الضرورية لصناعة خيارات فعالة بما يخص الأشياء المادية وغير المادية والخدمات أيضاً.

٦. تقييم الأدوات الضرورية لاستمرار التعلم.

وقد أكد (رونالد دول) على وجوب توجه الأهداف التربوية نحو الأهداف المعرفية والشخصية والاجتماعية (التأثيرية) والإنتاجية:

١. تركز الأهداف المعرفية على اكتساب واستيعاب المعرفة ومهارات حلّ المشكلات وأساليب التفكير.

٢. تهتم الأهداف الشخصية الاجتماعية بعلاقات الأفراد مع بعضهم البعض.

٣. تركز الأهداف الإنتاجية على تعليم الطلاب وإعدادهم كي يكونوا أعضاء منتجين داخل المنزل وفي العمل وكمواطنين صالحين.

ويمكن إضافة أربعة أنواع أخرى من الأهداف:

١. الأهداف البدنية التي تعنى ببناء الأجسام السليمة والمحافظة عليها.

٢. الأهداف الجمالية (aesthetic objectives) التي تعنى بالقيم الفنية.

٣. الأهداف الأخلاقية التي تعنى بالقيم والأخلاق المهذبة.

٤. الأهداف الروحانية التي تتعامل مع سمّو النفس.

وبعض اللجان التربوية وضعت مجموعة مختلفة من الأهداف العامة من مثل:

١. الصحة.

٢. امتلاك العمليات الأساسية.

٣. المواطنة الفعالة.

٤. التربية المهنية .

٥. التربية المدنية .

٦. استغلال أوقات الفراغ بشكل مفيد .

٧. الشخصية الأخلاقية.

صياغة الأهداف المتوسطة

الخطوة الثانية في تطوير المنهج هي صياغة المستوى المتوسط من الأهداف. ويقوم المستوى المتوسط من الأهداف بالإجابة عن السؤال التالي: ما هي الغاية من تعلم المحتوى من قبل الطلاب؟ الغاية هي أن يقوم الطلاب بالتفكير بشكل ناقد مع اختلافهم عن بعضهم البعض في عملية التفكير وتحملهم مسؤولية تعلمهم. فيقوم مصممو المناهج باستخدام المستوى المتوسط من الأهداف وهي مشتقة من المستوى العام من الأهداف. المستوى المتوسط من الأهداف يشير إلى ما يجب أن يعلمه برنامج تربوي معين أو مادة محددة للطلاب. فيصبح المستوى العام من الأهداف أهدافاً متوسطة عندما تصبح محددة أكثر وتشير إلى مدرسة معينة أو مادة دراسية معينة أونظام مدرسي معين. فعلى سبيل المثال، إن الهدف العام من "غرس الاهتمام بشؤون العالم"

في نفوس الطلاب يمكن أن يكون هدفاً خاصاً عندما يقوم طلاب الدراسات الاجتماعية بتعلم الأدوار التي تقوم بها الأمم المختلفة في المجتمع الدولي.

ولقد قامت مؤسسة تربوية بإعداد القائمة التالية من المستوى المتوسط من الأهداف للطلاب :

١. تعلم كيف تكون مواطناً صالحاً (good citizen).
٢. تعلم كيف تحترم وتتعامل مع الناس الذين يفكرون ويلبسون ويتصرفون بطرق مختلفة.
٣. تعلمْ عن التغييرات التي تحدث في العالم .
٤. طورْ مهارات القراءة والكتابة والمحادثة والاستماع .
٥. افهمْ وطبق القيم الديمقراطية .
٦. تعلمْ كيف تختبر وتستخدم المعلومات .
٧. طورْ مهاراتك كي تدخل مجالا ًمعينا ًمن العمل.
٨. طورْ رغبتك في التعلم الآن وفي المستقبل.
٩. افهمْ وطبق قواعد الأمن والسلامة.
١٠. قدرْ الثقافة والجمال.

صياغة الأهداف الدنيا

وفي سياق المستوى العام والمستوى المتوسط من الأهداف، من الضروري صياغة أهداف أكثر تحديداً. ففي حين أن المستوى العام من

الأهداف والمستوى المتوسط طويلا الأمد، يكون المستوى الأدنى من الأهداف قصير الأمد. بالنسبة لبرنامج أو مشروع علوم معين، يعين مطورو المنهج هدفاً متوسطاً مثل: "تحسين مهارة الطلاب في معالجة المعلومات عند التعامل مع مادة علمية". ولتحقيق هذا الهدف المحدد، لا بد من تحقيق سلسلة من الأهداف الدنيا المحددة.

إرشادات عامة لصياغة المستوى الأدنى من الأهداف

يجب على التربويين البحث في ملاءمة المستوى الأدنى من الأهداف عند صياغتها وصلتها بالمستوى العام والمتوسط من الأهداف. يجب أن يكون المستوى الأدنى من الأهداف مهماً وذا قيمة بالنسبة للطلاب في الوقت الحاضر وفي المستقبل. ويجب أيضاً أن يتم التعبير عن هذه الأهداف بشكل واضح، أي أن تكون سهلة وتتم الموافقة عليها. ويمكن أن يشير المستوى الأدنى من الأهداف إلى مواضيع عامة أو مستويات دراسية ووحدات تعليمية أو خطط دراسية. ولا بد أن يقوم المستوى الأدنى من الأهداف بتحديد النتاجات المتوقعة بشكل واضح وأن يتضمن معايير الأداء.

ويجب أن تكون الأهداف ملائمة للخبرات التربوية. ويقوم التربويون بتحديد ملاءمة الأهداف تبعاً لحاجات الطلاب والمحتوى الذي ستتم معالجته. وقد تكون الأهداف غير مناسبة بسبب عدم ملاءمتها لحاجات وقدرات

الطلاب واهتماماتهم. كما يمكن أن تكون بعض الأهداف ملائمة أكثر لو صيغت بصيغٍ أكثر تحديداً بدلاً من صياغتها في صيغ عامة.

على أية حال، يجب تصنيف الأهداف (classification of objectives) بشكل منطقي للإفادة منها عند تحديد الوحدات التعليمية والتقييم. فكثيراً ما تجد أهدافاً تفتقر إلى الترابط والتناسق المنطقي. وتحتاج الأهداف إلى مراجعة دورية لأن الطلاب والمجتمع والمعرفة وإستراتيجيات التعلم تتغير. ولذلك يتوجب على التربويين تحليل الأهداف من وقت لآخر وتحديد ما إذا كانت الأهداف ذات قيمة، لأن الأهداف القيمة تساعد الطلاب على الانتقال إلى القسم التالي من الوحدة أو الخطة الدراسية وتساعدهم أيضاً خارج نطاق المدرسة.

أما العامل الأخير الذي سنلقي الضوء عليه هو مشروعية هذه الأهداف. إذ يجب أن تكون هذه الأهداف موافقة لقوانين الدولة الرسمية. مثلاً، تتطلب بعض التعليمات الرسمية (official instructions) أن يقوم جميع الطلاب بتعلم مواد معينة مثل تاريخ الدولة أو الرياضيات الأساسية. وفي الوقت ذاته تقوم بعض التشريعات الرسمية بمنع تعليم مواد معينة. كما أن بعض التعليمات الرسمية تخاطب حاجات فئات معينة من الطلاب مثل الطلاب ذوي الاحتياجات الخاصة. باختصار، يجب على التربويين التأكد من موافقة الأهداف مع القوانين الرسمية للدولة.

أنواع المستوى الأدنى من الأهداف

تتنوع الأهداف التربوية من حيث كونها أهدافاً موجهة نحو مواد دراسية معينة لمرحلة صفيّة محددة، أو من حيث كونها نتاجات محددة للتعليم الصفّي. ولقد أشار بعض العلماء إلى وجوب أن تشير الأهداف التعليمية إلى سلوك يمكن ملاحظته وقياسه.

الأهداف السلوكية: يعتقد معظم التربويين أن الأهداف يجب أن تكون قابلة للملاحظة والقياس، أيْ أن يكون الهدف سلوكياً فيمكن أن يظهر الطلاب لنا أنهم اكتسبوا بعض المهارات الخاصة والمعرفة. ويجب أن يصف الهدف التربوي كلاً من:

١. السلوك الذي يبين لنا أن الطالب قد حقق الهدف المنشود.

٢. الوضع الذي فرض على الطالب من أجل إظهار تحصيله.

٣. الحد الأدنى المقبول من الكفاءة.

الأهداف المعرفية: تنقسم هذه الأهداف إلى ستة مستويات:

١. المعرفة: تشمل الحقائق والقضايا العامة.

٢. الاستيعاب: يشمل الترجمة والتفسير والاستكمال.

٣. التطبيق: استخدام المجردات في مواقف خاصة.

٤. التحليل: يشمل تجزئة المادة إلى عناصر وبيان العلاقات بينها ومبادئ التوليف بين الأجزاء المختلفة.

٥. التركيب: ضم الأجزاء في شكل جديد.
٦. التقييم.

الأهداف الوجدانية (affective objectives): يقسم هذا المجال إلى خمسة مستويات يعتمد كل منها على المستوى الذي يسبقه. فإذا أراد الطالب التعبير عن قيمة معينة، يجب أن يكون بمقدوره استقبال المعلومات ثم الاستجابة للمواقف، لأن عملية تحقيق المستويات عملية نامية متصلة. وهذه الأهدف الخمسة هي:

١. الاستقبال: ويتمثل هذا المستوى في وعي الطالب بالمثيرات المتعددة. ويتضمن هذا المستوى الوعيَ والرغبةَ والانتباه.

٢. الاستجابة: يتمثل هذا المستوى في الاهتمام الفعلي بالمثيرات مثل قبول الاستجابة والرغبة فيها والرضا عن المشاركة في الموضوع، كأن يبدي الطالب اهتمامه في موضوع ما يتم النقاش فيه وذلك بالمشاركة الفعلية في مشروع بحث.

٣. التقييم: يشير هذا المستوى إلى قدرة المتعلم على اتخاذ مواقف من القضايا الهامة. ومن الأمثلة على هذا المستوى أن يتخذ الطالب موقفاً إزاء ميزات ومساوئ الطاقة النووية.

٤. التنظيم: يشير هذا المستوى إلى بناء نظام داخلي للقيم والمعتقدات، التي تتضمن إدراكَ القيم وتشكل تصور ذهني لها وبناء نظام قيمي (value system)، مثل قيام الطالب بتشكيل أحكام حول مسؤوليته نحو المحافظة على المصادر الطبيعية.

٥. بناء الذات: ويعد هذا المستوى أعلى مستوى في البناء الداخلي للقيم. ويشير هذا المستوى إلى السلوك الذي يجسد مجموعة القيم التي يتبناها الطالب وفلسفة المتعلم في الحياة، فيقوم الطالب بتنظيم حياته الخاصة بما يتفق مع المبادئ الأخلاقية .

الأهداف النفسحركية: تنقسم هذه الأهداف إلى ستة مستويات:

١. ردود الفعل: يشير هذا المستوى إلى ردود فعل جزئية.
٢. الحركات الأساسية: مثل المشي والركض والقفز والدفع والأشغال اليدوية.
٣. القدرات الإدراكية (perceptual abilities): يشمل هذا المستوى القدرات الحركية والحسية والبصرية والسمعية واللمسية والتنسيق.
٤. القدرات الجسدية: تشير هذه القدرات إلى قدرة التحمل والقوة والمرونة والرشاقة والمهارات اليدوية.
٥. الحركات الماهرة التي تتطلب مهارة عالية في الألعاب والرقص والفنون.

٦. التواصل غير اللفظي: تشير أهداف هذا المستوى إلى التواصل عن طريق الإيماءات وتعابير الوجه والحركات التعبيرية للجسم.

اختيار محتوى المنهج

يجب على مصممي المناهج تحديد المعارف التي يحتاجها الطلاب، فيجب أن يسألوا أنفسهم: ما هو أفضل محتوى يلبي اهتمامات واحتياجات الطلاب؟ وهل يدرس جميع الطلاب المحتوى ذاته؟

المفاهيم الخاصة بالمحتوى

يجب على اللجان المسؤولة عن تصيم المناهج أن تختار محتوى يمكن الطلاب من التعلم بأفضل وجه مهما كان تصميم المنهج أو النموذج الذي يتم تصميمه. يجب على المنهج أن يزود الطلاب بالمعلومات التي تلبي حاجاتهم وتوافق اهتماماتهم، ويجب أن تنظم المواد الدراسية بشكل يمكن الطلاب من اكتشاف المعلومات المهمة والمفيدة. كما يجب على مصمم المنهج أن يأخذ المجالات المعرفية والاجتماعية والنفسية للطلاب بعين الاعتبار. يعد المحتوى (المادة الدراسية) خلاصة مركبة من الحقائق والمفاهيم والتعميمات والمبادئ والنظريات وتشمل أيضاً أساليب لمعالجة المعلومات. كما أن المحتوى المنهجي يزود الطلاب بفرص اكتشاف المعرفة.

تنظيم المحتوى

يمكن تنظيم المحتوى بعدة طرق: ١. تنظيم منطقي logical order ٢. تنظيم نفسي يساعد المتعلم على التعلم ٣. تنظيم سياسي: حسب أهمية القضايا ٤. تنظيم تطبيقي. ولكل طريقة منها مزاياها وعيوبها. كما أن طبيعة المادة الدراسية تتحكم في التنظيم الأنسب.

معايير اختيار المحتوى

هناك خمسة معايير لاختيار المحتوى المناسب هي:

١. معيار الاكتفاء الذاتي: أن يكون هناك اقتصاد في الجهد التعليمي والجهد التعلمي.

٢. معيار أهمية المحتوى: هل المحتوى مهم للطالب؟

٣. معيار صحة المحتوى: هل المحتوى صحيح؟

٤. معيار منفعة المحتوى: هل المحتوى مفيد للطالب؟

٥. معيار قابلية المحتوى للتعلم: هل المحتوى يناسب مستوى الطلاب؟

اختيار الخبرات المنهجية

يوجد معايير ذات أهمية كبيرة للتعامل مع خبرات المناهج الموجودة. وأكثر هذه الخبرات فعالية هي الخبرات التي تكون:

١. موثوقة في ضوء الطرق التي يتم من خلالها تطبيق المعرفة والمهارات داخل وخارج المواقف المدرسية.

٢. ملائمة للزمن ولخبرة الطاقم التعليمي والتسهيلات المقدمة داخل وخارج المدرسة وتوقعات المجتمع.

٣. الأمثل بما يتعلق بتعلم المحتوى.

٤. قادرة على السماح للطلاب بتحسين وتطوير مهارات التفكير والقدرات العقلية.

٥. قادرة على توجيه الطلاب نحو فهم أفضل لأنفسهم كأفراد ضمن مجموعات.

٦. قادرة على تخريج طلاب منفتحي العقول نحو الخبرات الجديدة وتقبل التعدد والتنوع.

٧. قادرة على تسهيل التعلم وتحفيز الطلاب نحو الاستمرار في التعلم.

٨. قادرة على تلبية حاجات الطلاب.

٩. قادرة على توسيع المصالح.

١٠. قادرة على تسريع التطور المعرفي والوجداني والنفسحركي motor (psycho- development) والاجتماعي والروحي للطلاب.

وفي الواقع لا يمكن فصل المحتوى عن خبرات التعلم. ومن الأمثلة على ذلك إذا قام الطلاب بقراءة كتاب فإنهم يربطون بين المحتوى (ما يقومون بقراءته) والخبرات (أي عملية القراءة ومعالجة المعلومات).

اختيار البيئات التربوية

يجب أن تتوفر في غرفة الصف الشروط المناسبة للتعليم والتعلم، وهي الهدوء والإنارة الكافية ودرجة الحرارة المناسبة والنظافة والألوان المريحة والمساحات المناسبة لعدد الطلاب وتوفر الوسائل السمعية والبصرية المُعينة. وتعد غرفةُ الصف المحيطَ الذي تجري فيه عملية التواصل والمشاركة المتبادلة بين المعلم والطلاب، وهي لذلك ذات أهمية عالية بالنسبة للخبرات التربوية. ويتجلى هذا الأمر في البيئة التعليمية الإبداعية التي تحفز الطلاب وتولد لديهم الرغبة في التعلم مع الشعور بالمتعة أيضاً. يجب على التربويين تصميم بيئات تعليمية تسهل على الطلاب عملية تلقي الخبرات والمحتوى والمواد الدراسية التي تم اختيارها وتنظيمها. ويجب أن تثير هذه البيئة نشاطات طلابية مهمة وتسمح بعمقٍ ومستوى ملائمين للمحتوى والخبرات التربوية التي تسهل عملية التعلم (learning process).

التركيب النهائي

يجب أن تؤدي مراحل تطوير المنهج إلى صلة وثيقة تربط بين المحتوى والخبرات التربوية والبيئات التعليمية لتحقق المستوى العام من الأهداف والمستوى المتوسط والمستوى الأدنى منها. فإذا قام التربويون بتصميم المناهج أو الأدلة المنهجية لمواد معينة أو حتى الخطط اليومية، لا بد لهم من المرور بجميع المراحل التي تمت مناقشتها.

المشاركون في عملية تطوير المنهج

يشترك في عملية التطوير كل من الطلاب ومدراء المدارس وخبراء المناهج والمدراء المساعدون والمواطنون، كل بنسبة معينة وفي مرحلة معينة، وكل حسب مقدرته ومجاله.

الطلاب

يجب أن يكون للطلاب صوت مسموع في عملية تطوير المنهج. يجب أن يسمح لهم بالمشاركة في عملية تطوير المنهج، ويشجعهم هذا على تحمل المسؤولية في الأمور التي تهمهم.

المدراء

يجب أن يشارك المدراء في عملية تطوير المناهج لتعزيز نجاح المدارس والأنظمة المدرسية. فيقوم المدراء بالإشارة إلى النشاطات المنهجية من منظور إداري. ولزمن قريب تقوم البرامج التدريبية التي تؤهل مدراء المدارس بالتركيز على مواضيع مثل شؤون الموظفين والقوانين والتشريعات التربوية وميزانيات المدارس (school budget) والنماذج التنظيمية.

خبراء المناهج

يلعب خبراء المناهج دوراً رئيساً في تطوير وإنجاز المناهج ويسمى منسقو المناهج "اللاختصاصين"، لأنهم لا يختصون بمحتوى معين، بل

يملكون معرفة واسعة في تصميم وبناء وإنجاز المناهج بشكل عام. كما يوجد لأخصائيون آخرون يطلق عليهم مدراء للتعليم الأساسي أو الثانوي، ويملك هؤلاء المدراء الكثير من الخبرة في إدارة المناهج، إلا أن تركيزهم الأساسي هو على التعليم الأساسي أو الثانوي. ويطلق اسم "مشرف تربوي" (educational supervisor) على أولئك المختصين بالمواد الدراسية المجردة. ويملك هؤلاء المختصون خلفية تربوية بخصوص المناهج، لكنهم يملكون مجال اختصاص معين ويقومون بالإشراف على عملية التعليم. ويقع على عاتق المختصين في المناهج ضمان تصميم وإنجاز المناهج. ويتطلب هذا فهماً كبيراً ومهارةً عالية في إدارة الناس وتطوير وتصميم وتقييم المناهج والإشراف عليها. وتقوم بعض المدارس بالاستعانة بخبراء من خارج نطاق المدرسة نفسها كي يقدموا الإرشاد والتوجيه بخصوص اختيار طرائق التعليم وتحليل الحاجات ودمج الأنظمة الإعلامية ضمن المناهج.

المدراء المساعدون

في كثير من المناطق التربوية يتحمل المدراء المساعدون مسؤولية تطوير المناهج تقليدياً، حيث يقوم هؤلاء الأشخاص بِما يلي:
١. رئاسة اللجنة الاستشارية للمناهج أو تقديم الاستشارات.
٢. إخبار المدراء بالاتجاهات العامة (general trends) في مجال المناهج وكيفية تأثير هذه الاتجاهات في نظام المدرسة.

3. التعاون مع مدراء المراحل الثانوية والأساسية بما يتعلق بالنشاط المنهجي.
4. المسؤلية عن ميزانية النشاط المنهجي.
5. تقديم المدخلات لبيان الفلسفة التربوية والأهداف ذات المستوى العام والمتوسط.
6. توجيه عملية التقييم المتعلقة بالمستوى العام من الأهداف والمستوى المتوسط.
7. وإدارة النشاطات طويلة الأمد وقصيرة الأمد التي تعزز البرامج التربوية.

المواطنون

يمكن للمواطنين تقديم اقتراحاتهم المناسبة لتطوير المناهج بشكل تطوعي أو إذا طلب منهم ذلك عن طريق المشورة الفردية أو عن طريق الاستبانات.

خطوات تطوير المنهج

يمر تطوير المنهج في الخطوات الآتية:

1. الشعور بالحاجة إلى التطوير.
2. إعادة تحديد أهداف المنهج الدراسي.
3. تقييم المناهج الحالية وتحديد المناهج التي هي بحاجة إلى تطوير.

٤. مراجعة الخطة الدراسية.
٥. اقتراح التعديلات والإضافات اللازمة إلى الخطة الدراسية.
٦. تنسيق المقرارات أفقياً ورأسياً.
٧. تأليف الكتب المدرسية المطوّرة.
٨. إعداد أدلة المعلمين المصاحبة للكتب الدراسية.
٩. تحديد الوسائل التعليمية المصاحبة.
١٠. تجريب المناهج الجديدة قبل تعميمها.
١١. الاستعداد لتعميم المناهج الجديدة بتوفير المواد التعليمية وتدريب المعلمين على استخدامها.
١٢. التعميم الفعلي للمناهج الجديدة.
١٣. المتابعة (follow-up) والتقييم.

معوِّقات التطوير

التطوير عملية شاملة مستمرة لها معوقات منها:

١. طبيعة العملية التربوية ذاتها بما فيها من تعقيد وعوامل متشابكة يؤثر بعضها في بعض، مما يجعل تطويرها أمراً ليس سهلاً.
٢. عدم استعداد المعلمين الكافي للتطوير، إضافة إلى عدم رغبتهم في تغيير ما اعتادوا عليه من مناهج وأساليب.
٣. عدم مواكبة المباني والمعدات والمختبرات لمتطلبات التطوير.

٤. عدم توفر الأموال الكافية لدعم متطلبات التطوير.

٥. الميل العام لدى الناس لمقاومة التغيير (change resistence) وتفضيل استمرار الحال على ما هو عليه.

بالرغم من كل المعوقات، فإن تطوير المناهج لا بد أن يأخذ طريقه وأن يشترك فيه وفي تنفيذه كل من الطلاب والمعلمين والمشرفين التربويين وخبراء المناهج ومدراء المدارس والمجتمع، كل في مجاله وحسب قدرته.

الفصل السابع

تقييم المنهج

كل عملية هامة لا بد أن تصاحبها عملية تقييم تهدف إلى كشف المزايا والنواقص في هذه العملية، ومن ثَمَّ الانتقال إلى التطوير. والمنهج ليس استثناءً من ذلك: لا بد من خضوعه للتقييم بهدف التطوير إلى الأحسن.

ويختلف التقييم عن القياس. القياس هو جمع بيانات رقمية (numerical data) عن وضع ما، مثلاً قياس تحصيل الطالب عن طريق الاختبار. بعد هذا القياس، يتم التقييم وفقاً لمعايير معينة يتم بها تفسير البيانات. مثلاً، علامة ٨٨ من مئة لهذا الطالب تدل على أنه طالب ممتاز.

أسئلة تقييمية

لتقييم المنهج، يمكن طرح أسئلة عديدة منها:

١. هل المنهج الحالي مناسب للطلاب؟

٢. هل المنهج الحالي يحقق الأهداف التربوية المنشودة؟

٣. هل المنهج الحالي أفضل من المنهج السابق أم ماذا؟

٤. ماهي مزايا المنهج الحالي وماهي عيوبه؟

٥. هل المنهج الحالي بحاجة إلى تطوير؟ متى؟ وكيف؟

٦. ما رأي المعلمين في المنهج الحالي؟

٧. ما رأي الطلاب؟

٨. ما رأي المشرفين التربويين؟

٩. ما رأي مدراء المدارس في المنهج الحالي؟

١٠. ما رأي الآباء والمجتمع؟

هذه الأسئلة وأمثالها تفتح الطريق لعملية تطوير المنهج.

مجالات تقييم المنهج

إذا أردنا تقييماً شاملاً (comprehensive evaluation) للمنهج، فلا بد من تقييم جميع عناصر المنهج: البنايات المدرسية، المعدات والوسائل التعليمية، الملاعب والمختبرات، الكتب المدرسية، أداء المعلمين، تحصيل الطلاب، الأنشطة الصفية واللاصفية، الإدارة المدرسية والإشراف التربوي. باختصار، لا بد من تقييم كل ما له علاقة بعملية التعلم وعملية التعليم.

مراحل تقييم المنهج

تمر عملية تقييم المنهج بالمراحل الآتية:

١. تحديد الأهداف.

٢. تحديد مجالات التقييم.

٣. إعداد وسائل التقييم ووسائل جمع البيانات: وضع خطة تنفيذ التقييم.

٤. تنفيذ عملية التقييم.

٥. تحليل البيانات المتوفرة واستخلاص النتائج.

٦. تعديل المنهج وفقاً للنتائج.

٧. تجريب التعديلات على أرض الواقع.

وسائل تقييم المنهج

هناك وسائل تقييم متنوعة تعتمد على مجال التقييم:

١. المباني والملاعب والمختبرات. لا بد من رصد نوعية المباني، الإضاءة، التهوية، العزل الصوتي، التكييف، المساحات، والأثاث الصفي. بالنسبة للملاعب، هل هي كافية من ناحية المساحة؟ هل تتوفر ملاعب داخلية وملاعب خارجية؟ هل هناك مختبرات كافية؟ مراسم؟

٢. الوسائل التعليمية: هل هي متوفرة؟ متنوعة؟ كافية؟ هل تتوفر خرائط، لوحات، شفافيات، أجهزة عرض، أفلام، وبطاقات؟

٣. المكتبة المدرسية (school library): المساحات، المحتويات، الكتب، المجلات، المراجع، المقاعد، القاعات، الهدوء، الإضاءة، والتهوية.

٤. المعلمون: الشهادات، التأهيل، الخبرة، التدريب قبل الخدمة، التدريب في أثناء الخدمة، الأداء، الرواتب، العبء التدريسي، والدافعية.

5. الطلاب: الدافعية، الأنشطة، التعاون، التحصيل، النشاط الرياضي، النشاط الاجتماعي، والمشاركة.
6. الإشراف الإداري.
7. الإشراف الفني.
8. تعاون الأسرة مع المدرسة.

لكل من هذه المجالات، لا بد من تجهيز وسائل تقييم مناسبة. ومن هذه الوسائل ما يلي:

1. الاستبانات (questionnaires): يتم إعداد الاستبانة المناسبة للمجال المراد تقييمه، ثم توزع على المشاركين. وتهدف هذه الاستبانة إلى معرفة رأي المشاركين.
2. المقابلات: يتم إعداد أسئلة المقابلة وتتم مقابلة الطلاب أو المعلمين أو المديرين أو الآباء أو سواهم ورصد آرائهم.
3. الملاحظة: يقوم المقيِّم بملاحظة ما يجري في غرفة الصف أو المختبر أو الملعب أو غير ذلك ويدوِّن ملاحظاته.
4. الاختبارات: يتم اختبار الطالب أو المعلم في المجال المستهدف لجمع البيانات اللازمة.

الاختبارات

من أهم مجالات التقييم تقييم أداء الطالب، أي تحصيله المعرفي. ومن أهم وسائل تقييم أداء الطالب الاختبارات.

وظائف الاختبارات

للاختبارات وظائف وأهداف عديدة منها:

١. **قياس التحصيل.** يريد المعلم قياس تحصيل الطالب، قياس مدى ما اكتسب كل طالب وما تعلم وقياس نتيجة التعليم، أي قياس درجة التعلم لدى كل متعلم.

٢. **التقييم الذاتي للمعلم.** يريد المعلم أن يعرف مدى نجاحه هو في مهمة التعليم. هل أدى تعليمه إلى تعلم؟ هل أثمرت جهوده؟ إن الاختبار لا يقيس تحصيل الطالب فقط، بل يقيس مدى نجاح المعلم في أداء مهمته (أحياناً).

٣. **التجريب التربوي.** إذا كان لدينا أسلوبان للتدريس ونريد أن نعرف أيهما هو الأفضل، نطبق الأسلوب س على المجموعة أ والأسلوب ص على المجموعة ب ونقارن أيهما أكثر فاعلية. ولذلك، لا بد من اختبار الطلاب قبل استخدام الأسلوب (وهو ما يُدْعى الاختبار القَبْلي) وبعده (وهو ما يُدْعى الاختبار البَعْدي). ونقيس تقدم كل مجموعة بوساطة الاختبارين القبلي والبعدي.

٤. **الترفيع (promotion).** بالاختبارات نستطيع أن نقرر نجاح الطالب من أجل ترفيعه من صف إلى آخر ومن مرحلة دراسية إلى أخرى.

٥. **مراقبة المستوى.** الاختبارات تحافظ على المستوى التعليمي للطلاب وعلى مستوى المدرسة أو المؤسسة التعليمية. وبالاختبارات تتم المحافظة على مستوى معين للخريج أيضاً.

٦. **إعلام الوالدين.** من حق الوالدين وواجبهما أن يعرفا مدى تقدم وإنجاز ابنهما. بالاختبارات فقط يمكن تحديد ذلك.

٧. **التشخيص (prognosis).** بالاختبار نستطيع أن نحدد مواطن القوة والضعف لدى الطلاب في مادة دراسية معينة بقصد مساعدتهم وإعادة تعليمهم.

٩. **التجميع.** إذا أرادت مدرسة اتباع سياسة التجميع المتجانس، أي وضع الطلاب ذوي التحصيل المتقارب معاً، نجد أن الاختبارات هي الوسيلة الوحيدة لقياس التحصيل ومن ثَمَّ إجراء التجميع المتجانس أو حتى إجراء التجميع غير المتجانس الذي يتطلب وضع مستويات مختلفة من الطلاب في صف واحد.

٩. **التحفيز.** كثير من الطلاب لا يدرسون إلاّ من أجل العلامات وبسبب الاختبارات. الاختبارات هنا تقوم بدور فاعل في حفز الطلاب على الدراسة والاهتمام والجد.

١٠. **التنبؤ.** إذا أردنا أن نرشد طالباً أو ننصحه إلى أي تخصص يتجه، فالاختبارات تساعد كثيراً في إرشاد ذلك الطالب نحو التخصص الذي يبدع فيه، وليس نحو التخصص الذي يتدنى تحصيله فيه.

١١. **القبول.** بعض المؤسسات التعليمية تُخْضع الطالب لاختبارات من أجل قبوله حفاظاً على مستوى المؤسسة، ومن أجل اختيار الطالب الأفضل (في حالة المنافسة)، ومن أجل الطالب نفسه كيلا يُقْبَل من لا يستطيع النجاح لاحقاً.

هناك أهداف ووظائف عديدة للاختبارات، ويبين هذا أهمية الاختبارات للطالب والمعلم والمؤسسة والمجتمع على حد سواء كما يمكن للاختبار الواحد أداء أكثر من وظيفة واحدة، كما هو بَيِّن.

نظام الاختبارات

على المعلم أن يعرف نظام الاختبارات (testing system) في المؤسسة التي يعمل فيها. وهو نظام تضعه المؤسسة باستقلالية (كما في الجامعات) أو نظام عام تخضع فيه المؤسسة لتوجيهات صادرة من سلطة مركزية (كما هو حال المدارس الحكومية مع وزارة التربية).

هناك عشرات الأنظمة الاختبارية الممكنة، إذ تختلف الأنظمة الاختبارية فيما يلي :

١. **علامة النجاح.** هل هي ٤٠ أم ٥٠ أم ٦٠ من مئة؟

٢. **عدد الاختبارات الشهرية في الفصل الدراسي .** هل هي اختبار واحد ، اثنان ، ثلاثة ، أم أربعة؟

٣. **الاختبارات اليومية.** هل هناك اختبارات يومية بالإضافة إلى الاختبارات الشهرية؟

٦. **الاختبار النهائي.** طبعاً، الكل يتفق على ضرورة وجود اختبار نهائي، ولكن الخلاف على وزن الاختبار: هل له ٤٠ % ، أم ٥٠ %، أم ٦٠ % من العلامة الكلية؟

٧. **وزن الاختبارات الشهرية.** هل وزنها مجتمعة يساوي ٦٠ % أم ٥٠ % أم ٤٠ % من العلامة الكلية؟

هذه العوامل ـ في العادة ـ لا دخل للمعلم فيها، فليس هو الجهة صاحبة القرار هنا. المعلم عليه أن ينفذ نظام الاختبارات كما تأتيه التعليمات من إدارة المدرسة.

أنواع الاختبارات

الاختبارات أنواع عديدة، على المعلم أن يعرفها ليستخدم منها النوع المناسب للمادة والطلاب. ومنها ما يلي:

١.الاختبار الموضوعي (objective test). هو اختبار ذو إجابة محددة موحدة، ولا يختلف المصححون في تحديد درجته (أو علامته)، مثل اختبار الصواب والخطأ.

٢. الاختبار المقالي (أو الذاتي) (subjective test). هو اختبار تختلف إجابته من طالب إلى طالب آخر، ويختلف المصححون في تحديد درجة الإجابة الواحدة، مثل اختبار الإنشاء (أي التعبير الكتابي).

٣. الاختبار العام. هو اختبار تجريه جهة مركزية (مثل وزارة   التربية) على مستوى البلد كله، مثل اختبار التوجيهي.

٤. الاختبار المدرسي. هو اختبار يجريه المعلم على مستوى صف واحد فقط أو على مستوى عدة صفوف في المدرسة الواحدة. وهو من إعداد معلم الصف.

٥. الاختبار الكتابي الكتابي. هو اختبار الأسئلة فيه مكتوبة ويتطلب إجابات مكتوبة. وهذا هو حال معظم الاختبارات.

٦.الاختبار الكتابي الشفهي. هو اختبار أسئلته مكتوبة (أي تقدم للطالب كتابياً) ويتطلب إجابات شفهية، مثل اختبار التعبير الشفهي.

٨. الاختبار الشفهي الشفهي. هو اختبار أسئلته شفهية ويتطلب إجابات شفهية.

٨. الاختبار الشفهي الكتابي. هو اختبار أسئلته شفهية ولكنه يتطلب إجابات كتابية.

٩. الاختبار الفردي. هو اختبار يأخذه الطلاب واحداً بعد الآخر،   مثل اختبار القراءة الجهرية. لا يؤديه الطلاب معاً ، بل واحداً واحداً بالتتابع.

١٠. الاختبار الجمعي. هو اختبار يأخذه طلاب الصف معاً في وقت واحد. وهذا هو حال الاختبارات التي تتطلب إجابات كتابية.

١١. الاختبار المعلن (announced test). هو اختبار يعلن عنه المعلم مسبقاً، يعلن عن مكانه وموعده ومادته.

١١.   الاختبار الفجائي. هو اختبار يعطيه المعلم لطلابه فجأة دون إعلان مسبق. وهو قصير الزمن عادة، قليل الوزن، ويغطي في الغالب مادة الدرس السابق. الغاية منه حفز الطلاب على الاستعداد الدائم.

١٣. **الاختبار الصفي.** هو اختبار يجرى في قاعة الصف. وهذا هو حال معظم الاختبارات.

١٤. **الاختبار البيتي.** هو اختبار يجرى خارج قاعة الصف. مثال ذلك إعداد بحث أو تلخيص كتاب.

١٥. **اختبار الكتاب المغلق.** عادة يطلب المعلم من الطلاب عدم استخدام أي كتاب في أثناء الاختبار.

١٦. **اختبار الكتاب المفتوح.** هو اختبار يسمح فيه باستخدام كتاب معين أو باستخدام أية كتب يشاء الطالب استخدامها. مثال ذلك اختبارات علم الإحصاء، حتى يتمكن الطالب من الرجوع إلى المعادلات والجداول.

١٧. **الاختبار التعرفي.** هو اختبار موضوعي يعطي عدة إجابات للسؤال الواحد. واحد منها فقط صحيح وباقي الإجابات خطأ. وعلى الطالب أن يتعرف على الجواب الصحيح، مثل اختبار الاختيار من متعدد.

١٨. **الاختبار الإنتاجي.** وهو عكس الاختبار التعرفي، إذ على الطالب هنا أن ينتج الجواب من عنده، لا أن يتعرف عليه من بين عدة إجابات.

١٩. **الاختبار القَبْلي (pre-test).** هو اختبار يُجْرَى قبل البدء بالتدريس، مثلاً في بداية العام الدراسي.

٢٠. **الاختبار البَعْدي.** هو اختبار يُجْرَى بعد التدريس لفترة معينة لمقارنة النتيجة مع الاختبار القبلي وقياس مدى التقدم أو التحصيل.

هناك عشرات الأنواع من الاختبارات، وعلى المعلم أن يعرف كيف يعد كل نوع ومتى يستعمله ولماذا.

خطة الاختبارات

على المعلم في بداية العام الدراسي أو الفصل الدراسي وضع خطة اختبارات للعام كله أو الفصل كله يبين فيها عدد الاختبارات التي ينوي   إجراءها ونوع كل اختبار وهدفه وموعده وزمنه ووزنه بالنسبة للعلامة الكلية.

ومن المحمود أن يعرف الطلاب هذه الخطة، فهي ليست خطة سرية مكتومة. فليعرفْ الطلاب كيف ومتى سيختبرهم معلمهم وما عدد هذه الاختبارات وما وزن كل منها.

الاختبارات الموضوعية

الاختبارات الموضوعية مهمة، ويحسن الحديث عنها بشيء من الاستفاضة والتفصيل. هذه الاختبارات أنواع عديدة منها:
١. **ملء الفراغ.** املأ الفراغ في كل جملة بكلمة واحدة مناسبة.

٢. **كشف الخطأ (error detection).** ما الخطأ في الجمل الآتية؟

٣. **صواب أو خطأ.** اكتب بجانب كل جملة هل هي صواب أم خطأ.

٤. **إكمال الجملة.** أكمل الجمل الآتية بعبارة مناسبة.

٥. **الاختيار من متعدد .** اختر الجواب الصحيح من بين عدة إجابات .

٦. **الترتيب.** رتب الكلمات الآتية أو الجمل الآتية بطريقة معينة .

٧. **المزاوجة.** زاوج بين عناصر المجموعة أ مع عناصر المجموعة ب.

سيأتي شرح هذه الأنواع بالتفصيل في الأقسام التالية من هذا الفصل.

مزايا الاختبار الموضوعي

للاختبارات الموضوعية مزايا ، منها ما يلي :

١. بسبب محدودية الجواب، لا يحتاج الاختبار الموضوعي إلى وقت طويل للتدريج (grading). قد يحتاج وقتاً طويلاً للإعداد، ولكن ليس للتدريج.

٢. الاختبار الموضوعي أفضل من الاختبار المقالي لقياس المعلومات الجزئية في المادة الدراسية، مثلاً متى ولد فلان؟ ما عاصمة كذا؟ من قال هذه القصيدة؟ مثل هذه المعلومات المحددة لا تقاس إلاّ بالاختبار الموضوعي.

٣. بعض المواد الدراسية لا تقاس إلاّ بالاختبارات الموضوعية . مثال ذلك قواعد اللغة والإملاء.

٥. بسبب كثرة عدد الأسئلة في الاختبار الموضوعي، يمكن أن يكون الاختبار جيد التمثيل للمادة الدراسية. كلما زاد عدد الأسئلة، زاد تمثيل الاختبار للمادة (في العادة).

٥.لا يحتار المعلم في تقييم الجواب ، لأن الجواب واحد ومحدد جداً . لا مجال للمزاجية في وضع الدرجة .

٦. يطمئن الطالب إلى أنه أخذ الدرجة التي يستحقها تماماً، إذ لا دور للمعلم في ذلك. بل يستطيع الطالب أن يعرف درجته قبل أن يخبره المعلم بها، لأن الجواب لكل سؤال معروف بالضبط ويستطيع الطالب أن يقارن بين الجواب الصحيح وإجاباته هو.

عيوب الاختبار الموضوعي

لقد ذكرنا مزايا الاختبار الموضوعي. ولكن للاختبار الموضوعي عيوبه أيضاً. ومنها ما يلي:

١. يحتاج الاختبار الموضوعي وقتاً طويلاً في إعداده بسبب كثرة الأسئلة والبنود (items).

٢. الاختبار الموضوعي يقيس الجزئيات الصغيرة من المادة الدراسية، ولا يستطيع أن يقيس الفكرة الشمولية عن المادة الدراسية أو التفكير التقييمي.

٣. يوجه الاختبار الموضوعي الطالبَ إلى التركيز على المعلومات الصغيرة المتفرقة دون ربطها بطريقة متكاملة.

٤. يفسح الاختبار الموضوعي المجال للتخمين الأعمى إذ قد يختار الطالب الجواب الصحيح دون دراية من باب "رب رمية من غير رام"، وخاصة في اختبار الصواب والخطأ واختبار الاختيار من متعدد.

٦. تزداد مع الاختبار الموضوعي احتمالات الغش إذ إن الجواب حرف واحد أو كلمة واحدة يسهل على الطالب التقاطها من جيرانه.

ولكن بالطبع يمكن تحسين الاختبار الموضوعي لتلافي عيوبه السابقة الذكر أو بعضها على الأقل. أولاً، إن زيادة عدد الاختيارات في اختبار الاختيار من متعدد تقلل فرص التخمين الأعمى. ثانياً، من الممكن تنويع أهداف البنود في الاختبارات الموضوعية بحيث ألا تكون كلها تعرفية (من نوع أ، ب، ج، د أو من نوع الصواب والخطأ)، بل تكون بعض البنود تذكرية تتطلب إنتاج الجواب وتكون بعض البنود استنتاجية تتطلب جهداً يزيد عن مجرد التذكر.

أما مسالة سهولة الغش في الاختبارات الموضوعية ، فمن الممكن معالجتها عن طريق الاختبارات المتوازية (أي المتكافئة) (parallel-form test) : أن يعمل اختباران أو أكثر للصف الواحد تتوازى في نوعية البنود وأهدافها ومحتواها وعددها بحيث يُعْطَى لكل طالبين متجاورين اختباران مختلفان ولكنهما متكافئان. وهناك طريقة أخرى لمعالجة مسألة الغش في الاختبارات الموضوعية ، وهي طريقة إعادة ترتيب البنود. حسب هذه الطريقة، يعد المعلم اختباراً واحداً ولكن تتوالى بنوده بشكلين مختلفين ، فيكون السؤال الذي رقمه ١٦ (مثلاً) في الشكل الأول حاملاً للرقم ٢٤ في الشكل الثاني. وهذا يعني اختباراً واحداً بشكلين يوزعان على طلاب الصف الواحد عند إجراء الاختبار.

سنتناول فيما يلي أنواع الاختبارات الموضوعية بشيء من التفصيل المناسب.

اختبار الاختيار من متعدد

* عاصمة فرنسا هي ــــــــ .
أ. مدريد
ب. باريس
ج. بون
د. أثينا

يتكون بند الاختيار من متعدد من أربعة مكونات هي :

١. **الساق.** وهو الجملة التي تحتاج إلى تكملة .

٢. **البدائل.** وهي هنا (في المثال السابق) أربعة .

٣. **المفتاح.** وهو البديل الصحيح الوحيد (هنا ب) .

٤. **المشتتات (distractors).** وهي الأجوبة الخاطئة وهي هنا أ ، ج ، د. وهي بدائل مغرية قد تجذب بعض الطلاب .

اختبار الصواب والخطأ

هنا يطلب من الطالب أن يكتب كلمة (صواب) أو (خطأ) في الفراغ المخصص قبل الجملة. مثال:

______ ______ ١. نهر النيل ليس أطول نهر في العالم.

____________ ٢. نهر الأمازون أعرض نهر في العالم.

______ ______ - ٣. جبال الألب تقع شمال فرنسا.

ويلاحظ هنا أن هذا الاختبار تعرفي (recognition test) وليس إنتاجياً. ويجب أن تكون الإجابات متنوعة، فلا يصح أن تكون البنود كلها صحيحة أو كلها خطأ. ولا يجوز أن تتوالى الإجابات بطريقة منتظمة (مثلاً: صواب، خطأ، صواب، خطأ، . . . إلخ) لأن هذا قد يؤدي إلى فشل الاختبار كله بسبب سهولة الغش في مثل هذه الحالة.

اختبار ملء الفراغ

هنا تطلب تعليمات السؤال أن يضع الطالب كلمة واحدة في الفراغ الواحد. وهو اختبار إنتاجي. ويجوز أن يظهر الحرف الأول من الكلمة المنشودة. مثال:

١. أكثر غاز في الهواء هو ———————— .

٢. يتكون الماء من الأكسجين و ———————— - .

٣.الجزء المتعادل في الذرة يدعى ———————— - .

اختبار المزاوجة

هنا تطلب التعليماتُ المزاوجةَ (matching) بين كلمات من المجموعة الأولى مع كلمات من المجموعة الأخرى على أساس ما (مثل الترادف، التضاد، أو التلازم). ويحسن هنا أن يكون عدد بنود المجموعة الثانية أكثر من عدد بنود المجموعة الأولى كيلا يؤدي الخطأ الواحد إلى خطأين.

مثال: اختر من المجموعة الثانية كلمة ترادف الكلمة في المجموعة الأولى واكتب الجواب في الفراغ المحاذي.

المجموعة الأولى	المجموعة الثانية
١. ثري ______	أ. مظلم
٢. شاهق ______	ب. مريض
٣. حالك ______	ج. غني
٤. معتل ______	د. مستوٍ
٥. سويّ ______	هـ عادي
	و. عال
	ز. شائك
	ح. مزدهر

أنواع أخرى من الاختبارات الموضوعية

هناك العديد من أنواع الاختبارات الموضوعية الأخرى نذكرها هنا باختصار:

١. اختبار الترتيب (ordering test). مثال ذلك: رتب هذه الكلمات لتكون جملة، رتب هذه الجمل لتكوين فقرة، رتب هذه الأحداث زمنياً، رتب هذه الأمكنة حسب مواقعها من الشرق إلى الغرب.

٢. اختبار كشف الخطأ. اقرأ الجمل الآتية وضع خطاً تحت الأخطاء الإملائية أو النحوية أو المعلوماتية (حسب هدف الاختبار). ويمكن المطالبة بتصحيح الخطأ بعد كشفه.

٣. **اختبار التعديل.** عَدِّل الكلمة التي بين قوسين لتناسب الجملة.

الاختبار المقالي (الذاتي)

الاختبار المقالي له مزايا وله عيوب. أولاً، من مزاياه أنه لا يحتاج لوقت طويل في إعداده بسبب قلة عدد الأسئلة مقارنة بالاختبار الموضوعي. ثانياً، لا غنى عنه في بعض المواد الدراسية مثل النقد الأدبي والكتابة، إذ لا تنفع معها الاختبارات الموضوعية. ثالثاً، يقيس الاختبار المقالي القدرات الكلية في التفكير مثل النقد والتحليل والمقارنة والتقييم، وهذه يعجز عن قياسها الاختبار الموضوعي. أخيراً، يصعب الغش مع الاختبار المقالي.

ومن عيوب الاختبار المقالي أنه يحتاج إلى وقت طويل في التدريج، وخاصة إذا كان عدد الطلاب كبيراً. والعيب الكبير عدم دقة الدرجة ومزاجية المدرِّج. وهناك عيب خطير أيضاً، وهو أن الاختبار المقالي غالباً ما يعجز عن تمثيل المادة الدراسية بشكل جيد بسبب قلة عدد الأسئلة.

والاختبارات المقالية أنواع عديدة منها: اشرح الأسباب، اذكر نتائج، بيِّن التشابه، بيِّن الاختلافات، ما مزايا، ما عيوب، اشرح كذا، علِّق على كذا، قيِّم كذا، ما الحجج المؤيدة، ما الحجج المعارضة . . . إلخ.

ولتحسين الاختبار المقالي ، من الممكن اتباع ما يلي . أولاً ، توضع قيود كمية على الجواب . مثلاً ، أجب في خمسة سطور أو في مئة كلمة ، بدلاً من ترك الحبل على الغارب. ثانياً، يضع المعلم مفتاحاً للجواب الصحيح يبيّن النقاط أو معايير التدريج. ثالثاً، يُزاد عدد الأسئلة لتمثيل المادة مع حصر مدى الجواب كيلا تطول الإجابة فيصعب التدريج.

صفات الاختبار الجيد

عند إعداد الاختبار، يجب أن ينتبه المعلم إلى توفر صفات الجودة اللازمة فيه. ومنها ما يلي:

١. **وضوح هدف الاختبار.** ماذا يريد الاختبار أن يقيس؟ ما الهدف من الاختبار؟ على المعلم أن يضع الأسئلة بالشكل الذي يحقق هدف الاختبار وهدف المادة الدراسية أساساً.

٢. **صدق الاختبار (test validity).** وهو أن يقيس الاختبار ما يراد له أن يقيس. مثلاً، لا يجوز أن تظهر أسئلة " إملاء " في اختبار " قواعد"، لأنها تقلل من صدق ذلك الاختبار.

٣.**ثبات الاختبار.** وهذا يتأتى عن طريق زيادة عدد الأسئلة واستبعاد التخمين الأعمى ما أمكن ووضوح تعليمات الاختبار ومنع الغش عند إجراء الاختبار.

٤. وضوح التعليمات. وهو أن يكون المطلوب من السؤال واضحاً. ومن عوامل الوضوح أيضاً تحديد كمية الجواب (سطر أم خمسون سطراً)، وتحديد مكان الجواب وتحديد مدة الاختبار، وتحديد وزن كل سؤال، وتحديد حق الاختيار إن وجد، مثلاً، اختيار ثلاثة أسئلة من أربعة.

٥. موضوعية التدريج. وهو أن تعتمد درجة الجواب على عوامل موضوعية خارج مزاج المعلم. إذا درَّج المعلم نفسه الجواب نفسه عدة مرات، يعطيه الدرجة نفسها. وإذا درَّج عدة معلمين الجواب نفسه، يعطونه الدرجة نفسها. هذا هو ثبات التدريج.

٦. مفتاح الإجابات. يجب أن يكون هناك مفتاح للإجابات الصحيحة، سواء أكان الاختبار موضوعياً أم مقالياً. هذا المفتاح يقوم بدور مرجع يضمن ثبات التدريج.

٧. سهولة التدريج. لا داعي أن تدخل الكسور في أوزان الأسئلة والبنود، مثلاً للسؤال الأول ٧٫٥ درجة، والسؤال الثاني له ٣٫٨ درجة. مثل هذه الكسور تعيق التدريج.

٨. التمييز (discrimination). الاختبار الجيد يميِّز الطالب الممتاز من الطالب الجيد من الضعيف. لا فائدة من اختبار كل الطلاب يأخذون فيه

٩٠ من مئة أو ٢٠ من مئة. لا بد أن يفرز الاختبار الطلاب إلى مستويات مختلفة.

١٠.   **مقدمة الاختبار.** لكل اختبار مقدمة تشمل اسم مادة الاختبار (مثلاً كيمياء) وتاريخه ومدته (مثلاً ساعتان) واسم واضعه (اسم المعلم) ورقمه (مثلاً الامتحان النهائي).

١٠. **التدرُّج.** وهو أن تتدرج أسئلة الاختبار من السهل إلى الصعب لتشجيع الطلاب معنوياً بدلاً من أن يبدأوا بالصعب.

١١. **تناسُب الأوزان.** وزن السؤال في الاختبار الواحد يجب أن يتناسب مع الوقت اللازم للإجابة عنه. فلا يجوز أن يتساوى سؤالان في الدرجة إذا كان أحدهما يستغرق خمس دقائق للإجابة عنه والآخر يستغرق نصف ساعة للإجابة عنه. يجب أن يكون السؤال الثاني ذا وزن أكبر من وزن السؤال الأول، في هذه الحالة.

مراحل الاختبار

يمر الاختبار عادة في خمس مراحل هي :

١. **الإعلان.** يعلن المعلم عن موعد الاختبار ومكانه ومادته الدراسية. كما يعلن عن المواد المساعدة المسموح بها أحياناً من مثل القواميس

والجداول. كما يعلن عن الأدوات اللازمة في بعض الحالات من مثل الأدوات الهندسية أو أدوات الرسم.

٣.   الإعداد (preparation). يعد المعلم الاختبار مراعياً الهدف منه وسائر الصفات الواجب توفرها في الاختبار الجيد والذي تحدثنا عنها في القسم السابق في هذا الفصل. ويمكن أن يمر الإعداد بالخطوات الخمس الآتية:

أ. **خطة الاختبار.** هنا يحدد المعلم هدف الاختبار، وزنه، عدد الأسئلة، نوعها، وسيلة السؤال (شفهي أم كتابي)، وسيلة الجواب (شفهي أم كتابي).

ب. **مسودة الاختبار.** يضع المعلم اختباراً حسب خطة الاختبار المرتبطة بخطة الاختبارات التي حددها المعلم منذ بداية السنة الدراسية أو بداية الفصل الدراسي.

ج. **الصورة النهائية.** يراجع المعلم المسودة، ويدخل عليها التحسينات والتصويبات المناسبة.

د. **طباعة الاختبار.** يطبع الاختبار على الآلة الطابعة أو الحاسوب وتصور منه النسخ الكافية.

هـ **المفتاح.** يضع المعلم مفتاحاً للإجابات كي يكون مرجعاً عند التدريج.

٣. الإجراء. المرحلة الثالثة من الاختبار (بعد الإعلان والإعداد) هي الإجراء. وهذا يستدعي تفريق الطلاب وقاية من الغش. وعند الإجراء لا بد من ملاحظة أمور عديدة تتعلق بالنظام والدخول والخروج من قاعة الصف ورصد الحضور والغياب ومراقبة الطلاب وتنظيم توزيع الأسئلة واستلام الإجابات.

٤. التدريج. في المرحلة الرابعة ، يقوم المعلم بتدريج الإجابات وفقاً للمفتاح والأوزان المحددة للأسئلة.

٤.   المتابعة. بعد التدريج، في المرحلة الخامسة والأخيرة، يقوم المعلم بإرجاع أوراق الاختبار إلى الطلاب ومراجعة الإجابات معهم وتذكيرهم بما فاتهم وإعادة تعليم بعض النقاط التي كشف الاختبار عن صعوبتها بالنسبة لبعضهم أو معظمهم.

تحليل نتائج الاختبار

من المستحسن ـ حيثما أمكن ـ أن يقوم المعلم (إذا شاء) بإجراء بعض التحليل لنتائج الاختبار. وهناك تحليلات سهلة يستطيع أي معلم القيام بها. ومنها ما يلي:

١. المتوسط. وهو مجموع درجات الطلاب في اختبار ما مقسوماً على عدد الطلاب. وهو يدل على مكان تجمع ثقل الدرجات .

٢. الدرجة العليا. وهي أعلى درجة حصل عليها طالب في اختبار ما، مثلاً ٩٥ من مئة.

٣. الدرجة الدنيا. وهي أدنى درجة حصل عليها طالب في ذلك الاختبار، مثلاً ٢٠ من مئة.

٤. المدى (range). وهو الفرق بين الدرجة العليا والدرجة الدنيا مضافاً إليه واحد. المدى في ذلك الاختبار = ٩٥ - ٢٠ + ١ = ٧٦. والمدى يمثل المجال الذي توزعت فيه الدرجات. كلما زاد المدى، كان انتشار الدرجات أوسع وكان الاختبار أفضل.

٥. الوسيط. بعد ترتيب الدرجات تنازلياً أو تصاعدياً، يكون الوسيط هو الدرجة التي يقع نصف عدد الدرجات فوقها والنصف الآخر دونها.   مثلاً، ٢٠، ٣٠، ٤٠، ٥٠، ٦٠، ٧٠، ٨٠ درجات صف يتكون من سبعة طلاب (على سبيل التسهيل).   فتكون الدرجة ٥٠ هي الوسيط لأن ثلاث درجات تقع فوقها (أي أعلى منها) وثلاث درجات تقع دونها (أي أدنى منها).

٦. التوزيع التكراري. هنا يعمل المعلم قائمة تصاعدية بالدرجات من ١-٢٠ مثلاً إذا كان الاختبار من ٢٠. ويحصي كم طالباً أخذ ١، كم

طالباً أخذ ٢، كم طالباً أخذ ٣ . . . وهكذا حتى درجة ٢٠. فيظهر عدد الطلاب الذين أخذوا كل درجة من صفر حتى ٢٠. هذا هو التوزيع التكراري الفردي، أي كم تكرار كل درجة في ذلك الاختبار.

ويجوز أن يكون التوزيع التكراري فئوياً . أي تقسم العشرون درجة إلى فئات: ١ ـ ٥، ٦ ـ ١٠، ١١ ـ ١٥، ١٦ ـ ٢٠ (على سبيل المثال). ويحصى كم طالباً أخذ درجة بين ١ ـ ٥، وكم طالباً بين ٦ ـ ١٠، وهكذا مع سائر الفئات. وهذا هو توزيع تكراري فئوي.

٧. تحليل الأخطاء (error analysis). من المستحسن أن ينظر المعلم في أخطاء الطلاب في الاختبار ليكوِّن فكرة عامة أو محددة عن نوعية أخطائهم ليناقشها معهم فيما بعد أو يتعرف على النقاط الصعبة التي تستدعي مزيداً من التعليم أو المراجعة.

٨. صعوبة البند. من الممكن إجراء دراسة إحصائية بسيطة يستطيع كل معلم إجراءها فيما يتعلق بدرجة صعوبة البند في الاختبارات الموضوعية. هنا يحسب المعلم كم طالباً أصاب وكم طالباً أخطأ في إجابة كل بند. مثلاً ، البند الأول في الاختبار أصاب فيه ٩٠% من الطلاب وأخطأ ١٠% منهم. أما البند العاشر فقد أصاب فيه ١٠% من الطلاب وأخطأ ٩٠% منهم. ما السبب؟ قد يكون السبب عدم وضوح البند أو عدم وضوح

التعليمات أو عدم تعليمه أساساً أو عدم كفاية تعليمه أو صعوبته. وهنا تأتي فائدة التحليل البندي في تحسين تصميم الاختبار أو في تحسين التدريس.

٩. تحليل البدائل (option analysis). في اختبار الاختيار من متعدد (أ ، ب ، ج ، د)، يكون الجواب الصحيح واحداً من الاختيارات الأربعة، وأما الثلاثة الأخرى فمهمتها التشتيت لاصطياد الطالب غير المتأكد من الجواب. ضمن تحليل البدائل، يمكن للمعلم أن يحصي (للبند الأول) عدد المرات التي اختار فيها الطلاب كل مشتت. لنفرض أن ب هو الجواب الصحيح. فيحصي المعلم أن طلابه (وعددهم ١٥ طالباً) قد اختار منهم ٧ البديلَ أ، ٤ البديلَ ب، ٣ البديلَ ج، ١ البديلَ د (على سبيل المثال). وهذا يعني أن البديل د كان ضعيفاً جداً في مهمة التشتيت التي وضع من أجلها. وهذا يستدعي تعديله مستقبلاً إذا أريد استخدام الاختبار ذاته في مرات قادمة. تحليل البدائل (ضمن التحليل البندي) مفيد في تحسين الاختبار ذاته وفي صقل خبرة المعلم في وضع البدائل والمشتتات المغرية.

وهناك تحليلات عديدة للاختبارات، ولكن ما ذكر منها سهل الإجراء وفي متناول كل معلم. إنها لا تحتاج إلى خبرة عميقة في علم الإحصاء. أما التحليلات التي لم تذكر سابقاً فهي تحليلات معقدة نوعاً ما وتحتاج إلى خبرة إحصائية عالية. ومن أمثلة هذه التحليلات الانحراف المعياري والمنحنى السوي ومعامل ثبات الاختبار ومعامل الثبات الداخلي ومعامل الترابط ومعامل صدق الاختبار ومعامل صعوبة البند ومعامل التمييز.

تضخم الدرجات

يلاحظ البعض أن هناك ميلاً لدى كثير من المعلمين في أيامنا هذه إلى الكرم الزائد في الدرجات. كثير من الطلاب درجاتهم فوق ٨٠، بل فوق ٩٠، بل فوق ٩٥ من مئة. بعض المعلمين يمنحون الدرجات العالية من أجل كسب الشعبية لدى الطلاب (ولو على حساب المستوى الأكاديمي للطالب) أو يعطون اختبارات سهلة دون مستوى الطلاب أو يتساهلون في التدريج أو يسمحون بالغش (مثل المعلم الذي يقول لطلابه: غشوا ولكن لا تدعوني أراكم)!

بعض المعلمين يعطي طلابه الأسئلة قبل الاختبار أو يعطيهم أسئلة موازية لأسئلة الاختبار لتسهيل الاختبار عليهم. وفي بعض الحالات،   إدارة المدرسة تضغط على المعلم في اتجاه رفع الدرجات لكسب رضا أولياء الأمور (وخاصة في المدارس الأهلية أو الخاصة ، أي غير الحكومية).

إن هذا التضخم في الدرجات (grade inflation) يضر بالمستوى الأكاديمي للطالب والمؤسسة التعليمية، ويعود على المجتمع بالضرر لأنه يوهم الجميع بوهم يخالف الحقيقة. فالطالب الذي أخذ ٩٠ من مئة قد يكون مستواه الحقيقي لا يزيد عن ٧٠. ومن أخذ ٧٠ قد يكون مستواه الحقيقي لا يزيد عن ٥٥. ومن أخذ ٥٥ قد يكون مستواه الحقيقي لا يزيد عن ٤٠. وهذا يعني أن نظام التضخم في الدرجات يعطي نتائج وهمية. فالممتاز

هو في الواقع جيد، والجيد هو في الواقع مقبول، والمقبول هو في الواقع راسب.

درجة النجاح

اختلف الناس والمربون حول درجة النجاح (pass grade)، وهي نقطة الفرز بين النجاح والرسوب. بعض البلاد تجعلها ٤٠ من مئة (ولو لبعض المواد الدراسية). والبعض يجعلها ٥٠ (كما في معظم البلدان). والبعض يجعلها ٦٠ (وهو النظام السائد في أمريكا). والبعض يجعلها ٧٠ (كما هو في نظام الدراسات العليا في بعض البلدان) .

درجة النجاح لها دلالة كبيرة ، فهي تعني ضمناً أن النظام يقبل أن ينسى الطالب ٥٠ % مما تعلم ويتذكر ٥٠ % فقط لينجح (إذا كانت درجة النجاح ٥٠). وفي ظل تضخم الدرجات ، فإن ٥٠ تدل في الحقيقة على ٤٠ أو ٣٥. وهذا يعني أن بعض الطلاب ينسون ثلثي ما تعلموا ومع ذلك ينجحون بالشفقة والرحمة والتضخم، ويأخذون ٥٠ بكل الطرق الممكنة أو غير الممكنة (بما في ذلك الغش والتساهل في التدريج ودرجات الرحمة).

إذا أردنا أن نوازن تضخم الدرجات وتأثيره السيء على التعليم والمستوى الأكاديمي ، فلا بد من رفع درجة النجاح من ٥٠ إلى ٦٠.

فلسفة التدريج

هناك فلسفتان متعارضتان للتدريج: التدريج النسبي والتدريج المطلق. التدريج النسبي يعني أن الطالب يدرَّج (أي يأخذ الدرجة في الاختبار) بنسبته إلى زملائه في الصف نفسه. فإذا كان هو الأحسن بين زملائه في اختبار ما أخذ درجة ٩٠ من مئة (مثلاً) حتى ولو كانت درجته الحقيقية ٥٠ (حسب إجاباته موضوعياً).

أما التدريج المطلق (absolute grading) فإنه يعني أن درجة الطالب في اختبار ما لا علاقة لها بدرجات سواه من الطلاب أو موقعه بينهم. درجة الطالب بموجب التدريج المطلق تعتمد على عدد الإجابات التي أصاب فيها وعدد الإجابات التي أخطأ فيها. فإذا كانت درجته الموضوعية (حسب إجاباته هو) ٦٠ من مئة فهي ٦٠ من مئة ولا يمكن أن تزيد أو تنقص حسب موقعه بين زملائه.

والطريقة الثانية (أي التدريج المطلق) أكثر موضوعية وأقل مزاجية وأقل خطورة من الطريقة الأولى (أي التدريج النسبي).

الفصل الثامن

قضايا في المناهج

بالرغم من التقدم الكبير في مجال المناهج المدرسية والمناهج بصفة عامة، ما زالت هناك قضايا هامة يختلف الناس بشأنها. ومنها ما يلي:

١. إدخال التكنولوجيا في التعليم. هل ندخل التكنولوجيا في التعليم؟ في أي مرحلة دراسية؟ كيف وكم ندخل منها؟ هل تدخل لتحل محل الكتاب المدرسي أم لتصاحبه؟

٢. الحد الأدنى لمؤهلات المعلم. هل الحد الأدنى دبلوم كلية المجتمع أم الشهادة الجامعية الأولى؟ وهل هذه الشهادة تكفي أم لا بد من تأهيل المعلم تربوياً؟ تأهيله تربوياً قبل الخدمة أم في أثنائها أم كلاهما؟

٣. نظام التدريس. هل هو النظام السنوي أم نظام الساعات المعتمدة؟

٤. ترفيع الطلاب من صف إلى صف. هل الترفيع مشروط بالنجاح في امتحانات أم ترفيع تلقائي دون امتحانات؟

٥. علامة النجاح في الامتحانات. هل هي ٥٠ أم ٦٠ أم ٧٠ من مئة؟

٦. شروط القبول في الجامعات والكليات. ما هي شروط القبول العامة (لكل التخصصات)؟ وما هي شروط القبول الخاصة بكل تخصص؟ وهل القبول مبني على معدل الطالب في الشهادة الثانوية أم على اجتيازه امتحانات خاصة بكل تخصص جامعي؟ وهل يتحدد معدل الطالب حسب الشهادة الثانوية أم حسب معدله في آخر سنتين أو ثلاث من المرحلة الثانوية؟

٧. توزيع الطلاب على التخصصات الجامعية. هل يتحدد ذلك وفق معدلات الطالب أم رغبة الطالب أم حاجة المجتمع لتخصصات معينة؟

٨. شروط القبول في الدراسات العليا. هل كل من يحمل الشهادة الجامعية الأولى يسمح له بالقبول في الدراسات العليا أم يشترط الحصول على معدل معين في الشهادة الجامعية الأولى؟ وما هو هذا المعدل هل هو ٧٠ أم ٨٠ أم ماذا؟ هل الدراسات العليا مفتوحة للجميع أم لصفوة الطلاب من المرحلة السابقة؟

٩. التعليم المختلط (بين الطلاب والطالبات). هل يسمح به أم لا؟ وإذا سمح به، فهل في كل مراحل التعليم أم فقط في المرحلة الابتدائية؟ وهل يفيدُ العملية التربوية أم يدمرها ويدمر قيم المجتمع العربي الإسلامي؟ وهل يرضى عنه ديننا الإسلامي أم لا؟

١٠. لغة تدريس العلوم في الجامعات والمدارس. هل هي العربية التي يفهمها الطالب العربي لأنها لغته الأم أم هي اللغة الأجنبية (الإنجليزية أو الفرنسية) التي يعاني منها ومعها معظم الطلاب العرب؟

١١. مَنْ يعلِّم مَنْ. هل المعلم يعلم الطلاب أم الطالبات؟ هل المعلمة تعلم الطلاب أم الطالبات؟ مَنْ يعلِّم مَنْ؟

١٢. المنهج. هل المنهج عام لكل الطلاب في بلد ما أم هناك مناهج خاصة لأقليات دينية أو عرقية؟ وإذا كانت هناك مناهج خاصة، فما هي درجة الخصوصية المسموحة؟ ما هو العام وما هو الخاص في المنهج؟

١٣. البرامج الخاصة للطلاب. هل كل الطلاب لهم المناهج ذاتها أم هناك مناهج خاصة للموهوبين ومناهج خاصة لبقية الطلاب العاديين؟

١٤. الاعتماد العام والاعتماد الخاص. هل تخضع جميع المؤسسات التعليمية لمعايير اعتماد عامة ومعايير اعتماد خاصة أم تخضع لهذه المعايير المؤسسات الأهلية فقط دون المؤسسات الحكومية؟

١٥. الاعتماد الدولي. هل يجب أن تخضع جامعاتنا العربية للاعتماد المسمى "دولي" أم لنا معاييرنا الخاصة بنا؟ هل يجب أن ننال رضا جامعات أوروبية وأمريكية؟ هل نتبع الغرب ثقافياً أم لنا استقلالنا الثقافي؟

١٦. التربية. هل نركز على التربية الدينية أم الوطنية أم المدنية أم العسكرية أم ماذا أم كل هذا؟

١٧. اللغة العربية. هل نركز على العربية في مدارسنا؟ هل نعطيها ساعات إضافية؟ أم نركز على اللغة الأجنبية؟

١٨. اللغة الأجنبية. متى نبدأ بتدريسها؟ منذ السنة الأولى في المدرسة أم منذ السنة السادسة أم منذ السنة التاسعة؟ متى؟ ولماذا؟

١٩. الاختبارات. هل نركز على النوع الموضوعي منها أم على المقالي؟ وكيف؟ ولماذا؟

هذه القضايا وكثير غيرها هي محل خلاف ونقاش في العديد من الأوساط، وبعضها قضايا ساخنة فعلاً. والأجوبة على كثير من هذه التساؤلات تعتمد على فلسفة المجيب العامة، نظرته إلى الحياة، بُعْد النظر، الحكمة، المعرفة، درجة الانتماء، التسامح، الكرامة الوطنية، وغير ذلك من الاعتبارات.

المراجع

Alkhuli, M. A. *A Dictionary of Education*. Amman, Jordan: Dar
    Alfalah, ٢٠٠١.

Alkhuli, M. A. *The Teacher of English*. Amman, Jordan: Dar
    Alfalah, ٢٠٠٥.

Alkhuli, M. A. *Methods of Teaching English at the Elementary
    Stage*. Amman, Jordan: Dar Alfalah, ٢٠٠٠.

Alkhuli, M. A. *Methods of Teaching English*. Amman, Jordan: Dar
    Alfalah, ٢٠٠٠.

Barton, Paul E. *Passing the Achievement Gap*. Princeton, NJ:
    Educational Testing Service, ٢٠٠٣.

Brown, Abbie & Green,Timothy D. *The Essentials of Instructional
    Design*. NJ: Pearson, Merrill, Prentice Hall, ٢٠٠٦.

Doll, Ronald C. *Curriculum Improvement: Decision Making and
    Process*. Boston: Allyn and Bacon,١٩٩٦.

Eisner, Elliot W. *The Kind of Schools We Need*. Portsmouth, NH: Heinemann, ١٩٩٨.

Ellis, Arthur K. *Exemplars of Curriculum Theory*. Larchmont, NY: Eye on Education, ٢٠٠٤.

Glazer, Nathan. *We Are Multiculturalists Now*. Cambridge, MA: Harvard University Press, ١٩٩٧.

Kerlinger, Fred N. *Behavioral Research: A Conceptual Approach*. New York: Holt, Rinehart and Winston, ١٩٧٠.

Leistyna, Pepi & Others. *The Transformative Power of Critical Pedagogy*. Cambridge, MA: Harvard Educational Review, ١٩٩٠.

Marsh, M. J. & Others. *Curriculum: Alternative Approach, Ongoing Issues*. NJ: Pearson, ٢٠٠٧.

McNeil, John. *Curriculum: A Comprehensive Introduction*. Glenview, IL: Scott, Foresman, ١٩٩٠.

Murray, Charles. *Human Accomplishment: The Pursuit of Excellence in the Arts and Sciences.* New York: Harper Collins, ٢٠٠٤.

Ornstein, Allan C. & Levine Daniel V. *Foundations of Education.* Boston: Houghton Mufflin, ٢٠٠٨.

Parkway, Forrest W. *Curriculum Planning.* Boston: Allyn and Bacon, ٢٠٠٦.

Pelegrino, James W. & Others. *The Sience & Design of Educational Assessment.* Washington, DC: National Academy Press, ٢٠٠١.

Pinar, William F. *Contemporary Curriculum Discourses:* New York: Peter Lang, ١٩٩٩.

Spring, Joel. *How Educational Technologies Are Shaping Global Society.* Mahwah, NJ: Erlbaum, ٢٠٠٤.

Spring, Joel. *Pedagogies of Globalization.* Mahwah, NJ: Erlbaum, ٢٠٠٦.

Sullivan, Edmund V. *Critical Psychology and Pedagogy: Interpretation of the Personal World.* Westport, CT: Bergin & Garvey, ١٩٩٠.

Tanner, David E. *Assessing Academic Achievement.* Boston: Allyn and Bacon, ٢٠٠١.

Wiles, Jon & Bondi, Joseph. *Curriculum Development: A Guide to Practice.* Columbus, OH: Merrill, ٢٠٠٢.

ملحق المصطلحات

(إنجليزي-عربي)

academic approach	الطريقة الأكاديمية
administrative theory	النظرية الإدارية
background knowledge	الخلفية المعرفية
behavioral approach	الطريقة السلوكية
behaviorism	الفلسفة السلوكية
classical conditioning	الإشراط التقليدي
cognitive perspective	المنظور المعرفي
cognitive psychology	علم النفس المعرفي
cognitive strategies	إستراتيجيات معرفية
complexities of learning	صعوبات التعلم
concrete operations stage	مرحلة المعالجة المحسوسة

conditions of learning	ظروف التعلم
creative thinking	التفكير الإبداعي
cultural experiences	الخبرات الثقافية
curriculum administrators	إداريو المنهج
curriculum approaches	طرق المنهج
curriculum content	محتوى المنهج
curriculum coordinators	منسقو المنهج
curriculum design	تصميم المنهج
curriculum development	تطوير المنهج
curriculum engineering	تصميم المنهج
curriculum evaluation	تقييم المنهج
curriculum experiences	الخبرات المنهجية
curriculum organization	تنظيم المنهج
curriculum plan	خطة المنهج

curriculum specialists	أخصائيو المنهج
curriculum thought	الفكر المتعلق بالمنهج
curriculum trends	اتجاهات المنهج
curriculum workers	العاملون في المناهج
curriculum's dynamics	القوى الديناميكية للمنهج
educational behaviorists	علماء السلوكية التربويون
educational environments	البيئات التربوية
educational goals	الأهداف التربوية
educational roots	الجذور التربوية
elementary school practice	التدريب في المدارس الابتدائية
encyclopedic approach	الطريقة الموسوعية
essentialism	الفلسفة الجوهرية
evaluation questions	أسئلة تقييمية

Existentialism	الفلسفة الوجودية
existentialist philosophy	الفلسفة الوجودية
final synthesis	التركيب النهائي
formal operations stage	مرحلة المعالجة الشكلية
formulating aims	صياغة الأهداف
formulating curriculum	صياغة المنهج
foundations of curriculum	أسس المنهج
group projects	المشاريع الجماعية
hierarchical learning	التعلم الهرمي
horizontal organization	التنظيم الأفقي
humanistic approach	الطريقة الإنسانية
idealism	الفلسفة المثالية
immediate feedback	التغذية الراجعة الفورية
instructional experiences	خبرات التدريس

intellectual development	النمو الذهني
intellectual skills	المهارات الذهنية
kindergartens	رياض الأطفال
law of effect	قانون الأثر
law of excersise	قانون المِرَان
law of readiness	قانون الاستعداد (الجاهزية)
learners' abilities	قدرات المتعلمين
learners' attitude	مواقف المتعلمين
learning outcomes	مخرجات التعلم
learning processes	عمليات التعلم
learning skills	مهارات التعلم
long-term memory	ذاكرة طويلة الأجل
managerial approach	الطريقة الإدارية
modern elementary school	المدرسة الابتدائية الحديثة

moral development	النمو الأخلاقي
motor chains	السلاسل الحركية
motor skills	المهارات الحركية
multiple discriminations	التمييزات المتعددة
nature's laws	قوانين الطبيعة
observational learning	التعلم بالملاحظة
operant conditioning	الإشراط الإجرائي
organizational diagrams	نماذج تنظيمية
organizational theory	النظرية التنظيمية
perennialism	الفلسفة الديمومية
philosophical speculation	التأمل الفلسفي
planned curriculum	المنهج المخطط
pragmatism	الفلسفة الذرائعية
preoperational stage	المرحلة قبل الإجرائية

problem solving	حل المشكلة
profound knowledge	المعرفة العميقة
progressive influence	التأثير التقدمي
Progressivisim	الفلسفة التقدمية
prompt feedback	التغذية الراجعة الفورية
realism	الفلسفة الواقعية
reconstructionism	الفلسفة التجديدية
scientific education	تدريس العلوم
scientific principles	مبادئ علمية
self-sufficiency criterion	معيار الاكتفاء الذاتي
sensorimtor stage	المرحلة الحسية الحركية
short-term memory	ذاكرة قصيرة الأجل
signal learning	التعلم الدلالي
simple societies	المجتمعات البسيطة

social activities	النشاطات الاجتماعية
stimulus-response	مثير واستجابة
student's interests	ميول الطالب
student's needs	احتياجات الطالب
subject matter	المادة الدراسية
system analysis	التحليل النُّظُمي
system theory	النظرية النُّظُميِّة
systemic thinking	التفكير المنظم
systems approach	الطريقة النُّظُمِيّة
teaching processes	عمليات التعليم
technical methods	الطرق الفنية
technical principles	مبادئ فنية
technology specialists	خبراء التكنولوجيا
theory of knowledge	نظرية المعرفة

theory of psychology	نظرية علم النفس
theory of variation	نظرية التنويع
thinking skills	مهارات التفكير
total quality management	إدارة النوعية الكلية
traditional approach	الطريقة التقليدية
traditional psychology	علم النفس التقليدي
universal education	التعليم العالمي
unplanned curriculum	المنهج غير المخطط
utilitarian education	التربية النفعية
verbal association	الترابط اللفظي
vertical organization	التنظيم الرأسي

كتب المؤلف

١. A Contrastive Transformational Grammar: Arabic and English

٢. A Contrastive Transformational Grammar: English and Arabic

٣. A Comparison between the Four Gospels

٤. A Dictionary of Applied linguistics

٥. A Dictionary of Education

٦. A Dictionary of Islamic Terms

٧. A Dictionary of the Holy Quran: Arabic-English

٨. A Dictionary of Theoretical Linguistics

٩. A Workbook for English II

١٠. A Workbook for English Teaching Practice

١١. Administration and Finance Translation (English ⟶ Arabic)

١٢. Advance Your English

١٣. An Introduction to Linguistics

١٤. An Introduction to Semantics

١٥. Comparative Linguistics: English and Arabic

١٦. English Grammar: Morphology

١٧. English Phonetics and Phonology

١٨. English Skills One (with audio CD by Mark Jones)

١٩. English Skills Two (with audio CD by Mark Jones)

٢٠. General Translation one (English ⟶ Arabic)

٢١. General Translation two (Arabic ⟶ English)

٢٢. Humanities Translation (English ⟶ Arabic)

٢٣. Human Rights in Islam

٢٤. Improve Your English

٢٥. Islam and Christianity

٢٦. Islamic Faith

٢٧. Legal Translation (English ⟶ Arabic)

٢٨. Learn Arabic by Yourself

٢٩. Literary Translation (English ⟶ Arabic)

٣٠. Legal Translation: from English into Arabic

٣١. Mass-Media Translation (English ⟶ Arabic)

٣٢. Methods of Teaching English

٣٣. Methods of Teaching English at the Elementary Stage

٣٤. Morality in Islam

٣٥. Penal Codes in Islam

٣٦. *Programmed TEFL Methodology*

٣٧. *Questions and Answers about Islam*
٣٨. *Science Translation ((English → Arabic)*
٣٩. *Simplified English Grammar*
٤٠. *Teaching English as a Foreign Language*
٤١. *Teaching English to Arab Students*
٤٢. *Test Your English*
٤٣. *The Blesssing of Islam*
٤٤. *The Crisis of Western Civilization*
٤٥. *The Light of Islam*
٤٦. *The Need for Islam*
٤٧. *The Only Right Choice: Islam*
٤٨. *The Pillars of Islam*
٤٩. *The Teacher of English*
٥٠. *The Truth about Jesus Christ*
٥١. *The Straight Path: Islam*
٥٢. *The Woman in Islam*
٥٣. *Traditions of Prophet Muhammad/B١*
٥٤. *Traditions of Prophet Muhammad/B٢*
٥٥. *What do you know about Islam?*
٥٦. *Why have they chosen Islam?*

٥٧. دليل الطالب في التربية العملية

٥٨. الأصوات اللغوية

٥٩. تعليم اللغة

٦٠. الحياة مع لغتين

٦١. تعلم الإملاء بنفسك

٦٢. المهارات الدراسية

٦٣. أساليب تدريس اللغة العربية

٦٤. دراسات لغوية

٦٥. معجم علم الأصوات (عربي - عربي)

٦٧. التراكيب الشائعة في اللغة العربية

٦٨. قواعد تحويلية للغة العربية

تطلب جميع كتب الدكتور محمد علي الخولي من دار الفلاح للنشر والتوزيع.